金融ビジネスの
トランスフォーメーション

# AI
# VS
# 銀行員

長谷川貴博

パノラボ

# はじめに

２０３０年頃には銀行の支店の数はますます減少し、最終的には支店の人員も支店長とロボットを管理するマネージャーの二人体制になるかもしれない。

支店はカフェのような場所になるか、コンビニエンスストアのワンコーナーになっている可能性すらある。

一方、銀行本部では経営企画、システム、人事・総務など最小限の機能だけが残る。ＡＩを開発・保守・管理するＩＴエンジニアが増加し、彼らＩＴエンジニアとサーバーが本部のリソースの中心になり、本部はデータセンターの機能に特化していくだろう——。

今から5、6年前、書籍やセミナー、取材などで、私は銀行業務の中でＡＩの活用が進むことによる、このような「未来の銀行」を展望していました。

それから数年が経過した今、その未来は私の予想よりもはるかに早く、現実のものになろうとしています。

その決定打ともいえるのが、「ChatGPT」に代表される「生成系AI」の登場です。言語の複雑なアルゴリズムを理解し、人間とほぼ変わらないレベルで自動的に会話や文章を生成する技術が、とりわけ2020年以降に飛躍的な進化を遂げました。そのことで、銀行業務がAIに置き換えられるスピードが速まり、かつ、その領域が大きく拡大しました。

『AI vs 銀行員』の対立構造でいうなら、今日では銀行業務のほとんどがAIの圧勝といえる状況です。窓口での融資や口座開設の書類審査や、コールセンター業務などは言うに及びません。高度な経験とスキルが要求されるトレーディングなどの市場業務も、数年前まではまだ経験豊富な人間のトレーダーのほうが良好な運用成績を出していましたが、今では完全にAIに軍配が上がっています。

数年前に抱いていた危機感が、当初の予想より速いスピードで迫ってきている――

それは、私自身が銀行業界に長く身を置き、ＡＩ開発に携わっている立場からも強く断言できます。

私は富士通でＩＴエンジニアとしてキャリアをスタートし、その後、みずほフィナンシャルグループへ移籍。金融業務とＩＴの融合が進んでいたトレーディング業務やリスク管理業務に携わりました。

その後、金融ＩＴベンチャー「Ｓｏｕｎｄ－Ｆ（Sound-FinTech）」で金融工学部門のマネージャーを経験した後、２０１５年に「株式会社オメガ・パートナーズ」を起業。トレーディングやリスク管理をはじめ、ＡＩを活用した高度な金融業務システムの開発や、開発プロジェクトのマネジメントに携わっています。

このようなキャリアを通じて、私自身、「テクノロジーによる銀行業務の自動化・効率化」というテーマに一貫して関わってきました。だからこそ、生成系ＡＩの登場が銀行業務を、ひいては銀行業界そのものを大きく変革させるほどのインパクトをもたらしうることを、誰よりも実感し、脅威を感じているのです。

数年前までは、書籍などにおいて私は「銀行業務がＡＩに切り替わる時代でも、人間はもう不要になるなどと悲観する必要はまったくない」と述べていました。というのは、その当時は銀行業界全体が深刻な人手不足に直面しており、ＡＩを導入するよりも人に処理させたほうが、コストパフォーマンスが高い領域が多かったからです。

ところが、生成系ＡＩの登場によって、銀行員よりＡＩのほうが処理速度、量、正確性ともに上回る領域が拡大したことで、人手不足はもはや問題にならなくなりました。それどころか、これからは銀行業界において本格的な「人余り」時代が到来することが目に見えています。

その「人余り」時代を控え、銀行は、そして銀行員はどう生き残るべきでしょうか？　その方向性を再び指し示したいとの思いから、私は本書を書きました。

本書は、私の思い描いた「未来の銀行像」のアップデートになりますが、たった数年の間にＡＩの技術は予想を超えて進化し、それに伴い銀行がＡＩを導入すべき意義も変化しました。本書では、その前提となる背景や最新技術に関する知識をアップデートしながら、あらためて「なぜ、銀行はＡＩを導入しなければならないのか」について問い直すことをテーマとしています。

同時に、リテール部門、ホールセール部門、さらにはアンチマネーロンダリング対策など、複雑化する銀行業務においてどのようにＡＩ技術を導入すべきなのか、その具体的な道筋も示しています。

これから銀行業務がＡＩにどんどん置き換えられる時代には、銀行員がこれまで培ってきた業務知識や経験が相対的に陳腐化していきます。言いにくいのですが、このまま過去の経験だけに頼っているようでは、組織の中で次第に価値を失っていく、ということです。

これから「支店の人員は支店長とマネージャーの二人体制になる」中で、銀行員として生き残っていくには、銀行業務の意思決定者にならなければなりません。言い換えると、ＩＴリテラシーを身につけ、ＡＩを〝部下〟として使いこなす人材になるしかないのです。

高度なプログラミングや統計などの知識を身につけろ、とまで言うつもりはありません。ただ、生成系ＡＩの言語モデルについて一定の知識があり、その言語モデルがどのように作られたのかを理解できるだけのリテラシーは必須です。そのうえで、銀行業務に対する経験と知識を活かし、外部人材を活用しながらＡＩ導入のプロジェクトをリードしていく人材だけが、意思決定者として銀行組織の中で生き残っていけるでしょう。

本書では、銀行業務の多くがＡＩに置き換えられる、かなりシビアな現状や未来を綴っています。正直、辛辣な表現も所々あるかもしれません。しかし、多くの銀行員の皆さまが、これらの現状を直視し、今の組織を、そして銀行業界を変革していくリーダーとなる、そのきっかけとして本書を参考にしていただきたい。私自身、長く銀行業界に身を置く一人として、そのことを切に願っています。

目次

## 第2章

# 生成系AIで「この仕事」が奪われる

## 第3章 銀行ビジネスのAI活用における基本プロセス

第 **4** 章

# 銀行ビジネスはこう変わる――リテール編

## 第5章 銀行ビジネスはこう変わる――ホールセール編

第6章

# 高度化・複雑化する金融犯罪をAIで防ぐ

## 第7章 銀行が「システム会社」にトランスフォームする未来

# 第1章

# 消える支店と銀行員たち

本章では、まずＡＩの本題に入る前に、メガバンクを筆頭に店舗や人員の縮小を進めている銀行業界の動向を概観しておきます。

銀行の店舗数、ＡＴＭの数、そして人員は縮小の傾向にあります。「ＩＴによる業務効率化」と「キャッシュレス決済の普及」の大きく二つの要因から「銀行離れ」が進み、リアルな接客を行う店舗の必要性が薄れてきていることが、その背景にあります。

一方で、新たな融資先の開拓に伴う審査項目の増加や、アンチマネーロンダリング対策におけるチェック項目の増加など、銀行業務は複雑さを増しています。こういった「規模の縮小」と「業務の複雑化への対応」という、ある意味では相反する二つの課題への対応に追われているのが、今の銀行の置かれている現状です。

銀行が抱えるこれらの課題を一気に解決しうるテクノロジーが、２０２０年以降に大きく進化した「生成系ＡＩ」です。この生成系ＡＩの登場が決定的なトリガーとなり、今後、支店や人員はますますいらなくなり、リストラがさらに加速していくでしょう。本格的な「銀行の大リストラ時代」が始まろうとしています。

## 全国的に進む店舗の統廃合

3メガバンクの店舗数は、ピーク時の4割に減少している——。

2023年2月14日配信の「東洋経済オンライン」の記事『30年で6割減、3メガは「店舗」をどう減らしたか』（一井純）は、そのようなショッキングな事実を伝えています。

同記事によると、三菱UFJ銀行と三井住友銀行の国内有人店舗数は、ピーク時の1990年代初頭にはともに1000店舗以上を構え、みずほ銀行も800店舗近くを擁していました。ところが、2022年の時点では3行とも400店舗を下回っています。

もう一つのデータを紹介すると、図表1－1は、江戸川大学の杉山敏啓教授が取りまとめた、平成30年間における銀行業の国内有人店舗数の変化です。

【図表1-1】 平成30年間における銀行業の国内有人店舗数の変化

| | 機関数 | | | 国内有人店舗数 | | |
|---|---|---|---|---|---|---|
| | 平成元年 | 平成30年 | 増減率 | 平成元年 | 平成30年 | 増減率 |
| 大手銀行計 | 23 | 11 | -52.2% | 3,864 | 2,012 | -47.9% |
| 都市銀行 | 13 | 5 | -61.5% | 3,412 | 1,772 | -48.1% |
| 大手信託・長信銀 | 10 | 6 | -40.0% | 452 | 240 | -46.9% |
| 地域金融機関計 | 1,053 | 523 | -50.3% | 23,375 | 19,519 | -16.5% |
| 地域銀行 | 132 | 104 | -21.2% | 12,055 | 10,006 | -17.0% |
| 信用金庫 | 455 | 260 | -42.9% | 7,754 | 7,271 | -6.2% |
| 信用組合 | 419 | 146 | -65.2% | 2,924 | 1,637 | -44.0% |
| 労働金庫 | 47 | 13 | -72.3% | 642 | 605 | -5.8% |

杉山敏啓「平成の30年間における銀行業の国内店舗数の変遷」をもとに筆者作成

平成30年の時点で、都市銀行においてはまず統廃合が進み、13行から5行（三菱UFJ、三井住友、みずほ、りそな、埼玉りそな）へと再編されました。そして店舗数もこの時点でマイナス47・9％とほぼ半減しています。

一方、地域金融機関を見てみると、地域銀行の店舗数の減少率はマイナス17・0％、信用金庫はマイナス6・2％。業態の違いはありますが、メガバンクほど統廃合の動きは進んでいないようです。しかし、メガバンク3行に関していうと、「30年で6割減」の数字が示すとおり、店舗数削減を急速に推し進めていることがうかがえます。

## メガバンクの新卒採用は7年で8割減少

視点を変えて、今度は「人員」に関する動向を見てみましょう。ここでも、銀行の規模縮小化の傾向が見てとれます。

2023年5月18日、みずほフィナンシャルグループの木原正裕社長は投資家向け説明会で、23年度から25年度までの新中期経営計画について「4千人程度の業務を削減し、3千人分程度を重点領域に張っていく」と述べています。三井住友フィナンシャルグループも2023年度から25年度に6500億円分のデジタル投資を行うことで、全体で4000人分の業務量を減らす、と発表しています。三菱UFJ銀行も、2020年4月の時点で「構造改革を加速させ、17年度に約4万人いた従業員の2割に相当する8000人超が減る見通し」であると報じられています。

また、採用について見ていくと、2022年4月26日付の日本経済新聞に「3メガバンク、23年春の新卒採用3分の1に　5年前比」との記事があります。

同記事は、三菱UFJ、三井住友、みずほのメガバンク3行が2023年春の新卒採用計画数を今年春から13%少ない計1100人としたことを伝えています。もっというと、5年前の約3200人と比べて約3分の1にまで抑制しています。さらに、直近のピーク(2016年)では5000人以上を採用していたので、7年もの間に実に8割も採用人数が減少していることになります。この数字にはなかなかのインパクトがあります。

一方で、同記事では各行ともにデジタルなど専門人材の採用の強化を図っていることを伝えています。

その動きが最も目立つのが三菱UFJ銀行で、金融工学やシステムに専門性を持った学生に対しては初任給（年棒）が1000万円以上の採用枠を設けています。

三井住友銀行は総合職のうちビッグデータやAI、フィンテックなどIT関連業務に従事する「デジタライゼーションコース」の募集枠を、前年度の1名から8名に拡充しました。みずほ銀行も科学技術や数学などに長けた「STEM人材」の採用枠を拡大する方針を示しています（いずれも2023年春の新卒採用計画）。

こういった専門人材の採用強化の動きには、もはや富裕層に対して資産運用のアドバイスをする専門家か、M&Aや財務会計など会計の専門家か、テクノロジーの専門家の三職種しか採らない、というメガバンクの明確な姿勢が表れています。もっとはっきり言うと、「今後、意思決定をしない人材は必要ない」というシビアなメッセージがうかがえます。

その証拠となる別の動きとして、各行は窓口業務を担う一般職については新規採用を行わない方針を示しています。三井住友銀行は、2020年に抜本的な人事制度の改定を実施し、BC職（ビジネスキャリア職／かつての一般職に近い職種）の廃止と総合職への統合を行いました。

同行では早くから一般職行員の人事制度改革に取り組んでいます。悪しき慣習として、これまで銀行の一般職は女性行員が多く、結婚・出産・育児を機に退社する者も多かったのですが、時代の変化とともに産休・育休から復帰しやすい環境が整い、実際に復帰する行員が増加。そこで、復帰した行員がキャリアアップを図れる仕組みを作ろうと、まず2008年に一般職を、上位階層を追加したBC職へと転換しました。

今回の人事制度改革では、そのBC職をも廃止し、かつての基幹職に当たる「総合職」と「総合職（リテールコース）」に統合。意欲と能力次第でフィナンシャルアドバイザー（FA）や、ウェルスマネジメントバンカー（WMB）、法人営業などの業務に挑戦できるようにし、部長や支店長といった管理職へのキャリアパスの途を拓く内容となっています。

三井住友銀行のような思い切った人事制度改革の背景には、働き方や価値観の多様化を受け、人事主導ではなく主体的にキャリア形成を図るための制度の充実といったテーマがあります。しかし、これは「表向き」のテーマと言ってよいでしょう。裏を返すと「定型化された業務のみに従事するような人材はいらない」と言っているのです。

こういった採用数の大幅な縮減と一般職の廃止という動きは、今後も大きなトレンドとしてメガバンクから地方金融機関へと広がっていくでしょう。それこそ、メガバンクでは「専門知識のある高度人材が毎年15人ほど採れればいい」というくらい、文字どおりケタ違いに採用の在り方が変わるかもしれません。

## ＡＴＭの手数料値上げに潜む銀行の本音

さらに、近年の銀行にまつわる動きとして「ＡＴＭ（現金自動預払機）」に関する動向を見てみましょう。

全国銀行協会の決済統計年報によると、２０２２年度のＣＤ・ＡＴＭ設置台数（ゆうちょ銀、コンビニＡＴＭ除く）は８万９２３２台と、ついに９万台を切りました。ピークだった１９９９年（11万８５９９台）から約25％減少と、４台のうち１台が姿を消したことになります。

ＡＴＭの統合も進んでいます。少し古い記事ですが、２０１９年９月21日付の朝日新聞は「銀行ＡＴＭ、月30万円の維持費が重荷　共通化の時代へ」という見出しで、三菱ＵＦＪ銀行と三井住友銀行が、駅前や商業施設など約２８００拠点のＡＴＭを共通化する動きを伝えています。

ＡＴＭをめぐっては、もう一つ、手数料値上げの動きがあります。

２０２３年10月から、三菱ＵＦＪ銀行は店頭窓口・ＡＴＭの振込手数料を値上げしました。同行のＡＴＭで３万円未満の振り込みをする場合、同行のキャッシュカードを利用しても最低１１０円の手数料がかかることになりました。他行のキャッシュカードで振り込む場合は４４０円（現金で振り込む場合は５５０円）という、ＡＴＭでの振り込みが欠かせない人にとってはなかなかショッキングな内容です。なお、店頭窓口で振り込む場合は８８０円もの手数料がかかります。

銀行にとって、リテール部門における収益の柱は住宅ローンです。ただ、長きにわたる低金利で、住宅ローンの金利収入が低下しています。

これまでは住宅ローンで貸した金利でＡＴＭの維持費用をまかなえていたのですが、超低金利が続く中で、定期預金でお金を集めて住宅ローンで貸すというビジネスが各行ともうまくいっていません。そのため、ＡＴＭを維持するコストをまかないきれなくなってきたのが、ここ数年の銀行が置かれている状況です。

また、一度預かった預金は簡単に手放したくない、運用原資としてなるべく自由に扱えるようにしておきたい、というのが銀行側の心理です。ではどうするかというと手数料を上げ、ATMを減らすことで、預金を引き出しにくい状況をつくります。ATM削減の裏には、銀行側のそんな思惑も見え隠れします。

岸田政権は「資産所得倍増」を打ち出し、「貯蓄」から「投資」への家計金融資産のシフトを図ろうとしています。2024年4月からは「新NISA（少額投資非課税制度）」がスタートし、NISAの非課税保有限度額が大幅に拡充されました。政府が旗を振って国民の投資を促すことで、定期預金離れも進んでいくことが予想されます。これも、ある意味で銀行にとっては脅威となる動きといえるでしょう。

## 硬貨入金の有料化に踏み切ったゆうちょ銀行

こういった手数料値上げの動きは、メガバンクに限った話ではありません。

ゆうちょ銀行は2022年1月17日より、これまで無料だった窓口での硬貨の預け入れに手数料を課すようになりました。51枚～100枚が550円、101枚から500枚は825円、501枚～1000枚が1100円となっています。テレビの報道では、日本盲導犬協会の事務局員が「1円や10円の積み重ねで成り立っている事業なので、募金してくれた方の善意の輪に対して、一律に手数料を引かれてしまうのは非常に残念です」とコメントしていました。

ゆうちょ銀行の硬貨入金有料化に踏み切った背景にも、同様にゆうちょ銀行がATMを維持しきれなくなっている事情があります。

「令和4年度版　情報通信白書」（総務省）によると、ゆうちょ銀行の貯金残高（国営時代の郵便貯金を含む）は、2020年度末で189・5兆円であり、1999年度末のピーク時（260・0兆円）から、70・5兆円（27・1％）減少しています。

硬貨の預け入れを行っているのは、主に一般の方や個人商店主などです。私も銀行員時代に、ビニール袋に大量の1円玉を持ち込むお客さまを何度か見かけたことがあります。そういったお客さまにとって、ゆうちょ銀行は手数料を徴収しない最後の金融機関でしたが、さすがにこれ以上対応できなくなったのでしょう。

〝あの〟ゆうちょ銀行ですら有料化せざるをえない――そのくらい、銀行という業態が大きな曲がり角を迎えていることを、このゆうちょ銀行の硬貨入金有料化の事例は示唆しているように思います。

## 着々と進む、ITによる業務効率化

店舗、人員、そしてATMの削減と、近年の銀行をめぐる動向を概観してきました。特にメガバンクがこういったリストラを急速に進めているのには、人々の、とりわけ若い世代の「銀行離れ」が大きく影響しています。本書を手に取っていただいている読者の方も、しばらく銀行の支店に行っていない、という方は多いのではないでしょうか。現に、平日の日中に銀行に行くと利用客は少なく、以前のように番号札を持って長時間待たされることはなさそうです。

銀行離れを加速させている要因はいくつかありますが、中でも「ＩＴによる業務効率化」と「キャッシュレス決済の普及」の二つが大きな要因として挙げられます。

マイボイスコム株式会社が毎年実施する「インターネットバンキングに関する調査」によると、インターネットバンキングを利用している人の割合は67・6％と7割弱に上り、かつ年々上昇傾向にあります。

さらに、インターネットバンキング利用経験者が利用しているサービス（複数回答）は、「口座情報の照会・明細の確認」が84・6％、「振り込み・送金」が78・5％、「ネットショッピングなどの決済」「口座振替」が各30％台となっています。

読者の方にとっても、おそらく口座情報の照会や明細の確認、振り込み、送金などは、各銀行のスマートフォンアプリで済ませる方も多いでしょう。こういったインターネットバンキングの普及は、銀行にとっては対面での業務負担を減らす効果があり、基本的にはポジティブな変化といえます。口座の開設や住宅ローンなどといった融資の手続きも、各銀行でオンライン化が着々と進んでおり、顧客にとっては利便性の向上、銀行にとっては業務負担の軽減をもたらしています。

現状ではまだ窓口に来店する高齢者は多いのですが、団塊の世代といわれる人口のボリュームゾーンが75歳の後期高齢者に入ってきているので、これから来店者数は減っていくと思われます。その後に続く60代は、現役の頃にＰＣやインターネットを使っていた世代なので、インターネットでの手続きに違和感を抱く人は少なくなるはずです。

銀行側にとっても利用者側にとっても、ＩＴによる合理化が進むのは基本的にはポジティブなことです。ただ、結果として必然的に店舗や人員の余剰が生じ、リストラが不可避となります。

## 20年前の規制改革が銀行から「キャッシュレス決済」を奪った

人々の「銀行離れ」を加速させているもう一つの要因が「キャッシュレス決済の普及」です。

今日ではさまざまなキャッシュレス決済のサービスが登場し、私たちはレジの専用端末にスマートフォンをかざす、あるいはQRコードをスマートフォンアプリで読み取るといった方法で簡単に決済を済ませたり、振り込みをすることができます。日本におけるキャッシュレス決済の比率は36・0%（経済産業省調べ／2022年）と海外に比べてまだ低いものの、着実に増加しています。

今の若い世代の間で圧倒的な支持を得ているのは、PayPayやLINE Pay、楽天PayといったIT企業グループが提供するQRコード決済のアプリです。最近の若い世代は旅行の会費を集めるのも、飲み会の割り勘などをするのも、スマートフォンを開いて互いにお金を送り合ったり、数千円単位のちょっとした貸し借りを気軽に行ったりしています。

これらのキャッシュレス決済が拡大するようになったおおもとの契機は、今から20年以上前の2000年に、金融庁が銀行業への参入規制を緩和する措置をとったことにさかのぼります。決済会社としての法的要件さえ満たせば、銀行業の免許がなくても決済業務だけ運営できるようになり、同年10月にソフトバンクによる「ジャパンネット銀行」(現・PayPay銀行)が初のネット銀行として営業を開始。イーバンク銀行(現・楽天銀行/2001年)、ソニー銀行(2001年)などが追随します。

これら、銀行業界の「外」であるIT業界から生まれた新興ネット銀行は、その後、インターネットバンキングでのノウハウを着実に蓄積していきます。その蓄積が今日のPayPay、LINE Pay、楽天Payなどの決済サービスの創造につながったことは間違いないでしょう。

個人的に思うのですが、こういった新しい決済サービスの開発は、本来は銀行こそがリードすべきでした。しかし、結果としていまの銀行はかつての独占業務だった決済サービスの市場を、当時の新興勢力だったＩＴ企業に奪われた格好になってしまいました。20年前の規制緩和によって、このような形で銀行業務の一部を侵食されるなどということは、当時の各銀行の頭取は夢にも思わなかったのではないでしょうか。

さらに、こういったＱＲコード決済のクレジットカードからの引き落としは、以前は必ず銀行口座経由で設定する必要があったのですが、今は銀行を経由せず登録されたクレジットカードから直接行える仕組みになっています。自動引き落としも、本来は銀行の独占サービスだったはずですが、それもクレジットカード会社に奪われている状況です。このように、キャッシュレス決済の普及は私たち生活者にとっては画期的なイノベーションとなりましたが、その陰で銀行業務を大きく縮小させることとなりました。

## 業務効率化の一方で複雑さを増す銀行業務

「ＩＴによる業務効率化」と「キャッシュレス決済の普及」の大きく二つの要因から、リアルな接客を行う店舗の必要性が薄れ、銀行業務が縮小している。加えて、長引く低金利と人口減少で、銀行の基礎的な収益は長期トレンドでは悪化を続けており、店舗やＡＴＭを維持できなくなっている——というのが、銀行、とりわけメガバンクが店舗やＡＴＭ、人員の整理を急いでいる大まかな背景です。

ところが、リストラを進めて規模を縮小するだけであれば事は単純なのですが、一方で各銀行は、それに逆行するもう一つの悩みを抱えています。

それは、銀行業務自体が「複雑化」している、ということです。

どのように複雑化しているのか？　その前に、図表１－２をご覧ください。金融機関の業態別に預貸率（貸出残高を預金残高で除した比率）の推移を表したグラフですが、全

## 【図表1-2】金融機関の業態別に見た預貸率の推移

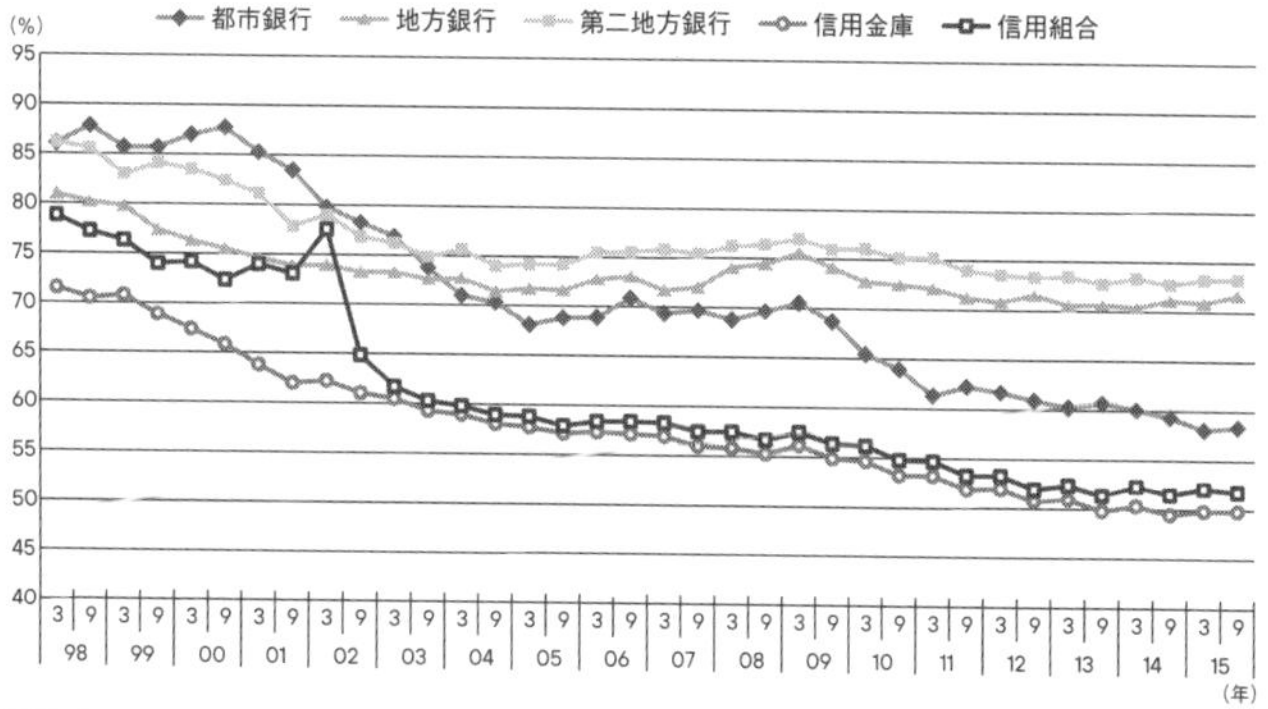


資料：全国銀行協会「全国銀行預金・貸出金速報」、信金中金地域・中小企業研究所「信用金庫統計編」、全国信用組合中央協会「全国信用組合主要勘定」より、中小企業庁作成。

（注）1. 貸出残高とは、各金融機関の銀行勘定貸出残高金額である。

2. 預金残高とは、各金融機関の銀行勘定預金残高＋譲渡性預金残高＋債権残高の合計金額である。

出典：中小企業庁「平成28年度版　中小企業白書」

体的にダウントレンドとなっているのが一目瞭然です。特に近年においては、貸出残高は増加傾向にあるものの、預金量がそれ以上に増加しているため、預貸率が大きく下落し、特に都市銀行の落ち込みが目立っています。

当たり前ですが、金融機関は集めた預金を貸出することで収益を得ています。つまり、預貸率が低下するということは、資金余剰が発生することを表しています。

したがって、各銀行は融資案件を増やさなければならず、これまでは対象として見ていなかった個人や法人も、融資先として開拓する必要に迫られています。

たとえば法人融資であれば、創業間もないベンチャー企業などに対して、新たな融資先として目を向けざるをえない状況にあります。その際、財務諸表など定量データだけでなく、会社の将来性の判断や経営者からのヒアリング内容、ビジネスの新規性などといった定性的な内容が、審査の際にますます重視されるようになっています。このように、今までにない審査の基準や項目が増えたことで、融資審査が複雑化しているのです。

この他には、金融庁に報告する各種規制の項目が増えています。顕著な例としては、アンチマネーロンダリングに対する規制が強化され、銀行側がチェックしなければいけなくなっています。

マネーロンダリングとは、犯罪や不当な取引で得た資金を、正当な取引で得たように見せかけたり、多数の金融機関を転々とさせることで、資金の出所をわからなくしたりする行為を指します。このマネーロンダリングに加え、テロの実行支援などを目的としてテロリストなどに資金を渡す行為や、核兵器などの大量破壊兵器の拡散に関与する者へ資金を渡す行為も規制対象となります。

金融庁は2023年6月に「マネー・ローンダリング・テロ資金供与・拡散金融対策の現状と課題」と題したレポートを公表。銀行を含む各金融機関にマネーロンダリング対策のさらなる高度化に努めるよう求めています。

## 「銀行がAIを導入すべき理由」が大きく変化した

ここまでの話をいったん整理しましょう。

まず、インターネットバンキングなどIT技術による業務効率化と、政府の規制改革に起因する決済サービスの拡大が大きな要因となり、若い世代を中心に「銀行離れ」が加速。各銀行は店舗数や人員の削減などリストラを余儀なくされています。それでいて長引く低金利から手数料収入は大きく減っているので、なおのこと銀行はリストラの強い圧力にさらされています。今後、デジタル通貨の普及などが進めば、ますます「銀行離れ」は加速していくでしょう。
一方で、新たな貸出先の開拓のために融資審査の項目が増えたり、アンチマネーロンダリング対策の高度化を求められるなど、銀行業務はいっそう複雑化しています。こういった「規模の縮小」と「業務の複雑化への対応」というまったくベクトルの異なる二つの課題への対応に追われている、というのが銀行の置かれている現状です。

前置きが長くなりましたが、そこで、本書のテーマである「ＡＩ」です。
２０１７年、私は前著『ＡＩ化する銀行』を上梓しました。ただ、同じ「ＡＩ」がテーマでも、前著を出版してから、「銀行がＡＩを導入すべき理由」は大きく変化したと実感しています。

以前は、銀行においてＡＩを導入すべき理由は主に「人手不足の解消」でした。人口減少によって銀行の各現場は慢性的な人手不足に悩まされており、加えてすでに銀行業務も複雑化していたので、前著では２０１５年に世の中に登場した機械学習を活用して、一部業務を効率化すべき、とのメッセージを強く打ち出しました。

ところが今、銀行がＡＩを導入しなければならない理由は「人手不足の解消」から、その真逆である「リストラ」に変わりました。ＡＩを入れてリストラをより推し進めないことには、組織を維持すること自体が困難になっているのです。加えて、前著の出版当時に比べてさらに銀行業務は複雑化しているので、余計にＡＩを導入する必要に迫られています。

そして、「規模の縮小」と「業務の複雑化への対応」という二つの異なる方程式を一瞬で解き明かすようなＡＩ技術が、近年になって登場しました。それが、「生成系ＡＩ」です。

## 生成系ＡＩが「銀行の大リストラ時代」のトリガーを引いた

２０１５年から２０２０年くらいまでは、ＡＩの機械学習ができることにはまだ限りがあり、ＡＩの導入コストと労力に対して人の手で処理したほうが安くつく、という状況にありました。ＡＩの存在はまだ人間の担っている領域を脅かすほどではなく、したがって、銀行業務にＡＩを導入するのも、人手不足をカバーし生産性を高めるためのツール、という位置づけでとらえられていました。

ところが、２０２０年以降の生成系ＡＩの発展によって、ＡＩで処理できるタスクは量、スピード、精度のすべてで大きく向上。ＡＩでできるタスクの領域も飛躍的に拡大しました。「ＡＩ vs 銀行員」という対立構造で言うならば、少なくとも私の見立てでは、ほぼすべての領域でＡＩが圧勝すると言わざるをえない状況になってきています。

くわしくは次章で説明しますが、生成系ＡＩの基本は「大規模言語モデル」と言われる、大量の自然言語を処理する技術です。その大規模言語モデルがあれば、会話にしてもテキストにしても、複雑な言語のアルゴリズムをＡＩが読み解き、ナチュラルな会話を実現したり、精巧なドキュメントを自動で作成してくれます。

人の場合は、たとえば窓口での融資相談もベテラン行員と新卒の行員ではもちろん経験によって接客の精度に差が出ますが、生成系ＡＩを活用したチャットボットでは属人的な接客の質のバラツキも解消され、経験の有無にかかわらず質の高い接客が実現されます。私の見る限り、これ以上人に接客をさせる理由がおよそ見当たりません。今後、窓口に人が消えるのはもはや時間の問題です。

また、生成系ＡＩでは銀行業務における書類作成や書類チェックや監督省庁への報告など、自分たちの業務オペレーションのチェックも自動で、かつ正確に処理してくれるので、人為的なオペレーションミスがほぼ解消され、生産性と精度が飛躍的に向上します。ＡＩがどんどん学習することで複雑化する業務もすぐにこなしてくれます。人手不足の解消どころか、さらなる人余りが顕在化することが目に見えています。

さらに、銀行業務においてＡＩの導入が進んでいくと、業務がどんどん均質化の方向に向かっていきます。つまり、利用者のニーズや特性に応じてオーダーメイドで対応する必要がなくなるのです。仮にオーダーメイドする必要があったとしても、今の生成系ＡＩであればその例外的なオーダーメイドも対応してくれるだけの処理能力があるので、パーソナライズされたサービスも少ない人数でできるようになります。

今後、生成系ＡＩの導入によって、銀行での手続きが均質化の方向に向かっていくと、極端にいうとお客さまが書類上の存在だけになります。そして、均質化が進むとＡＩで処理できる領域はさらに拡大していき、ＡＩ導入によるレバレッジがますます効いてくる、というスパイラルが生まれます。


私も前著を著した２０１７年の時点では、機械学習から生成系ＡＩへと技術が発展するには早くても10年はかかるとみていました。それが、思った以上に早く生成系ＡＩの技術が発展したことで、銀行業務に関しては完全にＡＩが圧勝する時代が到来しました。

今後、銀行における多くの業務が、好むと好まざるとにかかわらず、ＡＩへと置き換わっていくのは必然です。それが唯一の、銀行が生き残る道と断言できます。融資審査にしろ、口座の開設手続きにしろ、アンチマネーロンダリング対策にしろ、ほぼ人が関与しなくてもＡＩが導いてくれるようになり、窓口での案内もチャットボットやアバター接客などに置き換えが進んでいくでしょう。

支店や人員は、いま進んでいるのとは比にならないレベルでいっそう削減が進み、人余りがさらに加速していきます。生成系ＡＩの登場が、「銀行の大リストラ時代」の到来を告げる決定的なトリガーとなったのです。

# 第２章

# 生成系ＡＩで「この仕事」が奪われる

２０２０年代に突如として現れ、新たなＡＩブームを巻き起こしている生成系ＡＩ。それは単なる一過性のブームにとどまらず、今後のビジネスシーンを大きく変革する可能性を秘めています。

変革の動きは、銀行業界も例外ではありません。むしろ、銀行業務の多くはＡＩとの親和性が高く、早晩、ほとんどの仕事が人からＡＩへと置き換えられていくでしょう。

本章では、その生成系ＡＩとはいったい何なのか、従来のＡＩ技術と異なり、どんなブレークスルーをもたらすものなのかについて解説していきます。そのうえで、「人からＡＩへ」の置き換えが否応なく進む中で、銀行員の生き残る道についても解説します。

# ＣｈａｔＧＰＴが「第４次ＡＩブーム」の扉を開いた

日本におけるＡＩ研究の第一人者である東京大学大学院教授の松尾豊氏は、ＮＨＫのテレビ番組「サイエンスＺＥＲＯ」（２０２３年３月13日放送）において、次のように語っています。

「これまでは社会的な変化という面では、顔認証ぐらいしか大きな変化はないんですよ。自動運転もまだ実用化されていないですし。だけど、これから『相当大きな変化』が起きると思いますね。インターネットができたときよりも大きな変化が来るというイメージを持っています。

（中略）ＧＰＴ－３が出てきた２０２０年くらいの時点でも、「相当ヤバい」ということがわかっていましたが、ＣｈａｔＧＰＴが最終的にダメ押ししたというか。まだ完璧ではないんですけど、相当なところまでいきますね。ＣｈａｔＧＰＴの登場によってＡＩが明らかに世の中を変えることが確定してしまったので、僕は今年から『第４次ＡＩブーム』と言ってもいいと思っています」

２０１０年代の「第三次ＡＩブーム」といわれるＡＩブームを牽引してきたのは、機械学習、中でも「ディープラーニング（深層学習）」と呼ばれる技術でした。

機械学習が登場する以前のＡＩ技術の中心は「エキスパートシステム」と呼ばれるもので、特定の専門分野における課題解決を図れる技術として一時期は大きな注目を集めました。しかし、エキスパートシステムでは推論の規則とデータをあらかじめ人間が用意しておく必要があったため、適用分野が極めて限定されたものとなり、実用性の観点からだんだんと下火になっていきました。

その後、人がすべての情報をインプットしなくても、一定のデータをもとに機械が自ら学習することによって、アウトプットの精度を高める「機械学習」が登場しました。しかし、初期の機械学習においては人が特徴などを定義する必要があり、まだ多くの過程で人間がサポートする余地が多く残されていました。

機械学習が大きな注目を集める転換点となったのは、２０１０年ごろに実用化されたディープラーニングです。ディープラーニングとは、「ニューラルネットワーク」と呼ばれる人間の神経回路の仕組みを模した学習手法を多層に重ねることで、ＡＩ自らがデータの特徴や表現を学習できる技術です。人がサポートしなくても自ら特徴づけを行い、学習を進めていくという点で、ディープラーニングは大きなブレークスルーをもたらしたのです。

そのディープラーニングを活用して、2012年にグーグルが「人が教えることなく、AIが自発的に猫を認識することに成功した」と発表したことが、世界中のAIの開発者・学者に大きな衝撃を与えました。この「グーグルの猫」は、ディープラーニングが「AIの学習に使える技術」であることをはじめて実証したといってよいものであり、一時期は下火となっていたAIブームは実用的な技術として再び世間の注目を集め、AIのビジネス領域における実用化が着実に進んでいきます。

そういったAIの技術的な進化の流れの中で登場したのが「生成系AI」です。松尾氏も「ChatGPTの登場によってAIが明らかに世の中を変えることが確定してしまった」と語っているように、この生成系AIがまさに「第4次AIブーム」の扉を開いたのです。

## グローバルテックが密かに開発を進めていた「大規模言語モデル」

ＡＩの新たなブームを牽引する「生成系ＡＩ」とは何なのか。あらためて、簡単に説明します。

生成系ＡＩ（Generative AI）とは、その名のとおり、さまざまなコンテンツを「生成」できるＡＩのことです。

機械学習に代表されるこれまでのＡＩが、決められた行為の「自動化」を目的としていたのに対し、生成系ＡＩではデータのパターンや関係を学習しながら、新しいコンテンツを「生成」することに主眼が置かれています。

生成系ＡＩのベースとなる技術は「大規模言語モデル（ＬＬＭ：Large Language Model）」と呼ばれる言語モデルです。

私たち人間が、話し言葉や書き言葉として使用している言語（自然言語）をコンピュータによって処理する技術のことを「自然言語処理（ＮＬＰ：Natural Language Processing）」といいます。コンピュータは、人間の言語（テキストや音声データなどの形式）を処理し、言語の意味を発話者または執筆者の意図や感情とともに完全に理解します。

その自然言語処理の技術を、大量のテキストデータや音声データを学習することで高度にトレーニングされたものが「大規模言語モデル」です。大規模言語モデルは、感情の分析、情報抽出、文章要約、翻訳、テキスト生成、質問応答などといった、さまざまな自然言語処理タスクに適応することができます。

２０１５年頃には、「与えられたテキストの、次の単語を予測する」レベルの言語モデルの技術が確立され、２０１７年頃には、文章のポジティブ／ネガティブといった感情を判断する言語モデルが開発されました。グーグルやマイクロソフトなどのグローバルテック企業も、ＡＩにテキストや画像などのデータを大量に学習させながら、密かに大規模言語モデルの開発を進めていました。

そして、2018年にグーグルが発表したのが、大規模言語モデルの「BERT」です。

BERTとは「Bidirectional Encoder Representations from Transformers」の略で、「Transformerによる双方向のエンコード表現」と訳されます。

このTransformerとは、ディープラーニングの一種ですが、これまでのディープラーニングとは異なるアーキテクチャ（構造）によって学習を行うモデルで、従来よりも高速で、かつ精度の高い自然言語処理が可能となりました。より具体的にいうと、文章を文頭・文末の双方向から学習し、文脈を高精度で解読できるようになったのです。

それまではAIといえば特定のタスクのみに対応していたものでしたが、BERTの登場によって、AIはさまざまなタスクに応用できるようになり、汎用性が一気に高まりました。

## ChatGPTの何が画期的なのか？

このTransformerをベースに開発された生成系ＡＩモデルが、２０２０年にアメリカの非営利研究機関・ＯｐｅｎＡＩが発表した「ＧＰＴ－３」です。ＧＰＴとは「Generative Pre-trained Transformer」の略称で、「事前学習された生成的なTransformer」を意味します。

ＧＰＴ－３の特徴は、従来の学習モデルをはるかに超える１７５０億個ものパラメータ数（プログラムに影響するデータ）を持ち、高い自然言語処理能力を実現した点にあります。具体的には、アウトプットの範囲が次のとおり大きく広がりました。

- Ｅメールや小論文など文章の自動生成
- 提案書やマニュアル、報告書など各種ドキュメントの自動生成
- ドキュメントを元にしたＦＡＱ（よくある質問）の自動生成
- チャットボットなどの質問応答や自動対話
- 問い合わせに対する自動返信　など

このＧＰＴはその後も「ＧＰＴ－３・５」、「ＧＰＴ－４」とバージョンアップするごとにパラメータ数を増やし、自然言語処理能力を高めていきました。２０２３年３月に発表されたＧＰＴ－４においては、テキスト情報だけでなく画像や音声などを認識する「マルチモーダル」と呼ばれる機能も追加され、画像や文章、音声などの手段を問わずに内容を理解し、文章としてアウトプットできるようになりました。また、筋道を立てて推測し、論理的に結論を導き出す能力が大きく向上しました。

そして、「ＧＰＴ－３・５」をベースに開発されたのが、ＯｐｅｎＡＩが２０２２年11月に発表した「ＣｈａｔＧＰＴ」です。ほとんどの人が名前を聞いたことがあるでしょう。

ＣｈａｔＧＰＴとは簡単にいうと、ＧＰＴの自然言語処理タスクを、主にチャットボットとしての利用に特化させた技術です。大きな特徴は対話型のインターフェースを備えたことで、誰でも使いやすく、より自然なコミュニケーションを実現することが可能になりました。このＣｈａｔＧＰＴこそが、世間的に生成系ＡＩの持つ能力を広く知らしめ、社会現象ともいえるインパクトを与えたといってよいでしょう。

## 生成系ＡＩがもたらした３つのブレークスルー

生成系ＡＩが登場する以前のＡＩも、技術的には大きな発展を遂げていたものの、実用化の面では次のような課題が残されていました。

①人間の手でプログラミングする必要がある
②プログラミングするための専門人材が必要
③自動化できるタスクの幅が狭い

ＡＩに特定のタスクを依頼するときには、そのタスクに対応する大量の学習データが必要であり、その大量の学習データを機械が学習できるように前処理という加工を事前にする必要がありました。

かつ、システムの設定やプログラミングをするにも、プログラミングやシステムに精通した専門人材の手を借りる必要がありました。しかも、自動化できるタスクの領域も範囲も限定的なものでした。
そして、ＡＩが学習を効率的に行えるように、タスクごとに専門人材がチューニングを行う必要もありました。

つまり、特定のタスクを自動化させるにも、前提としてかなりの労力とコストがかかり、その割には自動化できる範囲も狭かったのです。したがって、自動化のメリットとコストを天秤にかけたときに、人間を雇って作業させたほうが安くついたので、ＡＩの導入によるシステム化が期待されていたほどには進まないという現状がありました。２０１０年代にディープラーニングが流行りだしたときも「ＡＩが人から仕事を奪う」との悲観論がまん延しましたが、結果として状況は大きくは変わらなかったのです。

ところが、２０２０年以降の生成系ＡＩの登場は、その状況を大きく一変させました。生成系ＡＩがもたらした技術的なブレークスルーは、大きく次の3点に集約されます。

①自動化の実行が対話ベース
②専門人材でなくても使うことができる
③自動化できるタスクの幅が広がった

**①自動化の実行が対話ベース**

生成系ＡＩのベースとなる大規模言語モデルは、ほぼ人間と同様のコミュニケーションを理解します。端的にいうと「○○をやってください」と話しかけるだけでタスクをこなしてくれるのです。このように、対話によって簡単に指示できるのが一つ目の大きなポイントです。

**②専門人材でなくても使うことができる**

これまでのＡＩでは、プログラミングに精通した人しかタスク処理の命令ができなかったのに対し、生成系ＡＩは対話ベースの技術なので、自然に会話するようにタスク処理の命令ができるようになりました。すなわち、スペシャリストでなくてもプログラミングの自動実行を指示でき、自動化のハードルが大きく下がったのです。

### ③自動化できるタスクの幅が広がった

これまでのＡＩ技術では、簡単な文章の生成や、重要な表現を抜き出す程度のタスクしかできなかったのですが、大規模言語モデルを搭載した生成系ＡＩの登場によって、テキスト作成や会話のアウトプットが質・量ともに格段に向上しました。

今ではＡＩとナチュラルに会話するだけで、その内容を前後の文脈から理解して、自動的にタスクを処理してくれます。わからなかったら「わからない」と聞いてくれるほどなので、あたかも優秀な秘書と喋っているような感覚で操作することが可能です。

こう書き並べてみると、生成系ＡＩがビジネスシーンにおけるＡＩ導入のブレークスルーになったことは間違いない事実です。生成系ＡＩを導入したほうがコストは圧倒的に安くなり、「ＡＩを導入するくらいなら人間にやらせたほうが安い」と言える状況ではもうなくなりました。いわば、生成系ＡＩがＡＩの「民主化」を大きく促したといえます。

## 「馬車から自動車へ」の歴史が教えてくれること

「生成系ＡＩが技術的なブレークスルーになったことはわかりました。でも生成系ＡＩのビジネスへの導入には、倫理的な問題やＡＩガバナンスの問題が解消されていないのではないでしょうか？」

ＡＩの話をすると必ずといってよいほど出てくるのが、こういったＡＩの進歩に伴う倫理上の問題を悲観する声です。

確かに、ＡＩガバナンスの問題が顕在化していることは事実です。一例として、米アマゾンでは、２０１８年に人材採用にＡＩを導入し、採用履歴データをＡＩに学習させて採用基準に利用したところ、性別や年齢に対して極端な採用基準を示したため、プログラムを打ち切りました。また、非営利のテクノロジー専門報道サイト「ザ・マークアップ」がＡＰ通信と共同で実施した調査によると、住宅ローン融資審査にＡＩを導入したところ、特定の人たちの住宅ローン申請を否認する傾向が強いことが明らかになっています。

生成系ＡＩの活用を自主的に禁止する動きも出てきています。米アマゾンでは、社内の資料をＣｈａｔＧＰＴに学習させるとそのまま出力・公開されるリスクがあることから、顧問弁護士がＣｈａｔＧＰＴへの機密情報の入力を控えるよう従業員に警告したと報じられています。

金融業界でも、米ＪＰモルガン・チェースが従業員に対してＣｈａｔＧＰＴの利用を制限したほか、米シティグループ、米バンク・オブ・アメリカ、米ゴールドマン・サックスなども従業員の利用制限を発表するなど、大手金融機関において生成ＡＩの利用に何らかの制限を設ける動きがあります。

一方で、多くのビジネスパーソンが企画書作成やメールの文面作成、プログラミングコード生成などのタスクに対し、自主的にＣｈａｔＧＰＴなどを導入する動きは水面下で広がっています。あまりいい表現ではありませんが、こういった動きはＡＩガバナンスの議論をよそにＡＩ活用が野放しにされていることを揶揄して「野良ＡＩ（野良ＣｈａｔＧＰＴ）」とも言われています。

こういった新しいテクノロジーの普及に伴うネガティブな反応に対しては、私自身の見解を述べる前に、過去の歴史を振り返ったほうがより説得力をもって説明できると思います。

有名な事例を挙げると、図表２－１は１９００年と１９１３年の、同じニューヨークの大通りの写真を比較したものです。前者において、大通りを埋めているのは多くの馬車です。それが、13年後の後者の写真では自動車に入れ替わっており、馬車の姿はほとんど見られません。

この10年あまりの間に何が起こったのかというと、１９０８年に「Ｔ型フォード」の生産が開始され、全米に大きなモータリゼーションの波が起こりました。上流階級の移動手段だった自動車が、量産化によって一般大衆の手に届くものになったのです。

【図表2-1】　1900年（上）と1913年（下）のニューヨーク大通りの様子

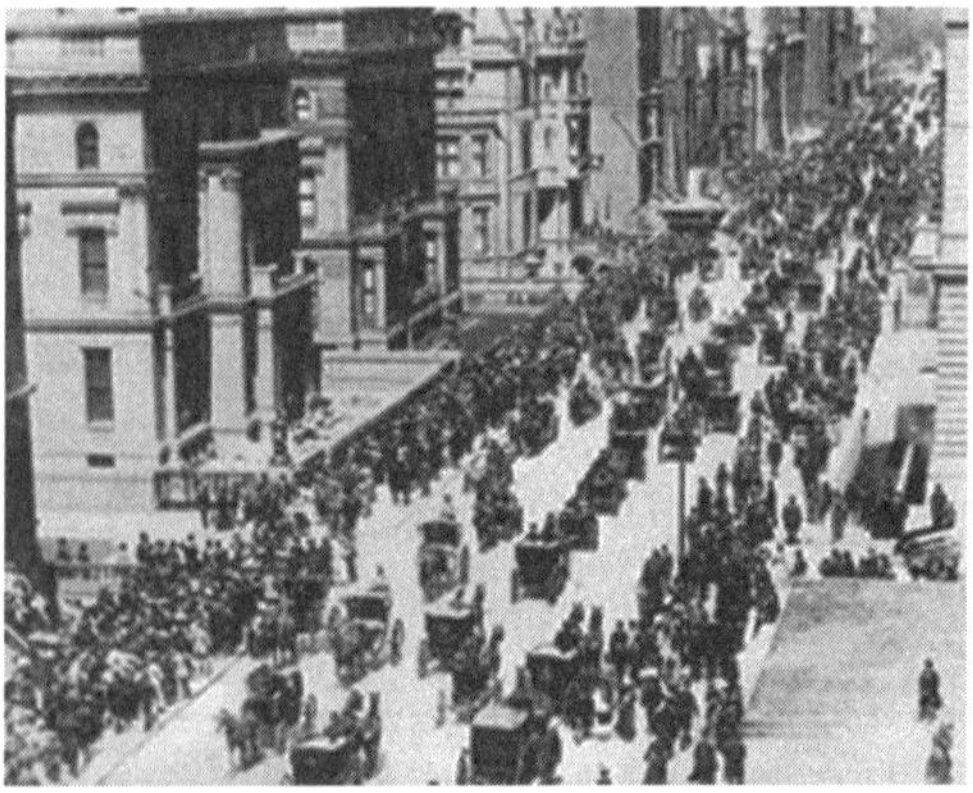

https://logmi.jp/tech/articles/324438より

https://markezine.jp/article/detail/28030より

そして自動車の普及と同時に、道路整備や燃料となるガソリンの供給などが一気に進み、さらに自動車の普及が進んだ結果、道から馬車が姿を消してしまったというわけです。

ここで言いたいのは、人間の本質として便利なものには抗えない、という事実です。馬車から自動車へのあまりにも早い転換の歴史は、その事実を今に伝えてくれます。

もちろん、倫理的な問題を野放しにしてかまわないと言っているわけではありません。現に、機械学習が流行りはじめた頃、多くの人や企業が勝手にネットの情報を使って機械学習モデルを作ったことで、その著作権の所在が問題になりました。しかし、今日では「公開されているものは共有された知識だ」という方向でコンセンサスが形成されています。

新しいテクノロジーの登場に対しては、必ず倫理面や安全面の不備を指摘し、抵抗する勢力が現れるものです。しかし、その都度、若手有識者や起業家が地道なロビー活動を行い、新しい世論を形成し、法律などのルールを変えていきます。誰もが便利と認める技術に対しては、広く活用し、世の中を便利にする方向に社会のムーブメントが起こるのです。これまでのイノベーションの歴史を見ても、ＡＩもまたそのような経過をたどることは間違いありません。

## 生成系ＡＩで銀行業務はこう変わる！

ややや前置きが長くなりましたが、いよいよ本書のテーマである銀行業務において、生成系ＡＩがどれほどのインパクトをもたらすかを見ていきましょう。

はっきり言えることは、銀行業務においても、生成系ＡＩを活用することは不可避で、多くの業務において人間がいらなくなります。ＡＩと一緒に生き残る道を探ることが、今後の銀行員の目指すべき方向になっていきます。

まず、支店で行う窓口業務全般は、生成系ＡＩに最も置き換えられやすい領域です。

リテール部門における住宅ローンやカードローン、多目的ローンの申し込みなどは、生成系AIがそのローン融資の受付から、書類の作成、審査までを自動で実行してくれます。

融資などの申し込み書類のチェックは、窓口業務においても時間を要する業務です。書類の不備はないか、法的な妥当性はクリアしているか、過去の貸し付けの履歴は……と、膨大なチェック項目があるのですが、こういったチェックはある程度ルールが決まっているので、生成系AIによる自動化がしやすく、かつ、自動化による効果が大きい領域といえます。

これらのタスクをシステムで自動処理させるには、これまでは人間の手でタスク処理のプログラミングを行う必要がありました。その手間も、先ほどお話ししたとおり今後は生成系AIと対話するだけで処理してくれるようになります。極端にいうと、申込用紙を見せるだけで、すべてのチェックを一瞬で済ませてくれるようになります。もちろん、最小限の人の目でチェックする必要はありますが、少なくとも書類の作成や入力といった手間は一切不要になるでしょう。

法人が対象のホールセール部門においては、スタートアップなど新たな融資先を開拓する必要から審査項目が複雑化している、と第1章で述べました。その審査業務も、財務諸表のような定量データだけではなく、企業が公表するレポートやヒアリング内容といった定性データも含めて生成系ＡＩに一括処理させることで、融資の審査を正確に、かつ迅速に行ってくれるようになります。

業務提携やＭ＆Ａなどのビジネスマッチングも、ベテラン銀行員でさえ、知識や経験をフル活用し、出来る範囲で効率的に業務を行っても、数社を選定し、比較することが限界です。それが、自行内に蓄積された顧客企業データをＡＩに一気に処理させることで、財務面、株価、ビジネスモデルなどの情報をもとに無数の組み合わせを検討し、人の力では発見できない最適なマッチング案を導き出してくれます。

また、上場支援の業務もＡＩに置き換えが可能です。上場のために必要な書類の作成や、上場するための要件のチェック、書類作成などもすべて生成系ＡＩに一括処理させ、自動で行わせることができます。

この他にも、身近な法律相談、税務相談、生命保険や損害保険の提案、中小企業に対する財務コンサル、節税コンサル……これらの業務はすべて生成系ＡＩに置き換えることが可能だと言い切ってよいでしょう。

## アンチマネーロンダリングの審査もＡＩが一括処理

アンチマネーロンダリング対策においても、金融庁が各金融機関に対して強化を求めており、銀行業務を複雑化させていることは、第1章でも述べました。

取引明細、振り込みや送金先、送金先の国の法制度、ＳＷＩＦＴ ｃｏｄｅ（国際銀行間通信協会のシステム内で使われる銀行を識別するためのコード）の番号や期日、金額など……これらの膨大なチェック項目に対して、今までは銀行員が作成したチェックシートをもとに目視でチェックし、その後にシステムにかけ、ＯＫが出たら支店長決裁で海外送金し、コルレス銀行（海外送金の中継地点となる銀行）を通して着金する、という多くのプロセスを経る必要がありました。

この海外送金におけるチェック業務にＡＩを導入するにも、従来の技術ではＡＩが人間の会話を理解する精度が足りていなかったため、データベースのチェック、アンチマネーロンダリングの法律チェックなどは人の目で行う必要がありました。

ところが、今日の生成系ＡＩは人間の自然言語を正確に理解するので、マニュアルや海外の法律などを自動で検索し、チェックしてくれます。海外送金の事務作業や不正送金のチェックなどは、仮に10時間近くかかっていたものが、ドキュメントを放り込むだけでＡＩが自動で学習し、1分、1秒というレベルで完結してくれます。もちろん、決裁プロセスも大きく短縮することができるでしょう。

## 業務量や人員は「9割」削減される

生成系ＡＩの登場によって、ほとんどの銀行業務においてＡＩの活用や人との置き換えが可能になると考えられます。とはいっても、これから銀行の人員はどれくらいＡＩに置き換わるのか、どのくらい削減されるのか、読者の方には具体的なイメージがまだ湧きにくいかもしれません。

２０１０年代にディープラーニングが発展したときも「ＡＩに仕事を奪われる」との悲観論が世間に広がりましたが、実際にどれだけ銀行の人員がＡＩに置き換わったかというと、せいぜい５人が４人になった程度でした。そもそも、第１章でも触れましたが、当時はＡＩの導入目的が「人手不足の解消」にあったので、人員を大きく削減するほどのインパクトは、まだこの時点ではなかったのです。

それが、今回の生成系ＡＩの登場は、あくまで私の感覚値でいうと、８割、いや、９割もの業務量が削減できるほどのインパクトをもたらしうるものです。

極端にいうと、各支店には支店長と、ＡＩに対して指示が出せるマネジメント人材が２、３人いれば十分に事足ります。仮に一つの支店に30人の行員が働いているとしたら、それが３人になるのですから、ちょうど９割の削減です。

少なくとも意思決定に関与せず、指示された作業だけこなしているような行員はもれなくＡＩに置き換えられます。銀行業務に精通し、ＡＩを使いこなせる銀行員でなければ、生成系ＡＩに負けてしまう――シビアな言い方に聞こえるかもしれませんが、そう言わざるをえないような未来が、近くまで迫っているのです。

## ＡＩを〝部下〟として使いこなせないと生き残れない

ただし、日本企業の雇用制度は流動性が低く、簡単にリストラすることはできないため、数年で大きく人員削減されるほどのドラスティックな動きにはならないでしょう。実際のところは定年退職・希望退職と、採用抑制によって人員削減は徐々に進んでいくものと思われます。また、少なくとも現状では業務の複雑化を受け、各行とも人手不足が顕在化しています。

しかしその裏で、特にメガバンク３行はＩＴシステムやＡＩの開発を着々と進めています。今後そう遠くない未来に、複雑化した業務に対応したＡＩモデルが開発されれば、「人手不足」から「人余り」の状況に形勢が一気に逆転するでしょう。その意味では、今がまさに「人からＡＩへ」の過渡期にあるといえます。

その過渡期において、プログラミングや金融工学、数学などの高い理系リテラシーを身につけた高度人材が続々と入行し、ＡＩをどんどん駆使して生産性を上げる一方で、意思決定層になれないベテラン行員が組織の中で行き場を失ってしまうことは避けられません。繰り返しますが、銀行業務に精通しているだけでは、ＡＩとの比較で経験や知識が相対的に価値を失っていきます。銀行業務に精通していて、かつＡＩテクノロジーにも精通し、システムを使いこなせる人材でなければ、銀行業務の意思決定者として生き残れないのです。

しかし、悲観論ばかりを唱えることが、本書の目的では決してありません。これまで培ってきた銀行業務の知識や経験を生かすためにも、「ＡＩを使いこなす側」に回り、意思決定者として活躍してほしい、というのが本書で私が伝えたいメッセージです。

## そのＡＩは「医者」か？「弁護士」か？

意思決定者として銀行組織の中で生き残るためには、生成系ＡＩの言語モデルの構造や、検索できる知識として設定されているデータベースについての最低限の知識が必要になります。自分たちが使おうとしている生成系ＡＩはどんなデータを学習していて、どんな言語モデルを持っているのか。そして、何ができて何ができないのか。これらを理解しないことには、ＡＩに指示を出す〝上司〟にはなれません。

私がよく使う例えで説明すると、あなたが弁護士に法律相談をしたいと思い、日本語ができる弁護士を探していたとします。そこに日本語を流ちょうに喋る人が現れて、法律相談をしたのですが、何を聞いてもその人からはまったく的外れな回答しか返ってきません。不審に思ったあなたがその人に「すみません、あなたのご職業は？」と尋ねてみたら、実は弁護士ではなく医者だった……というオチです。

「どれほど優秀な人材だったとしても、医者に法律相談をするなんてありえない」

と誰もが思うでしょう。ところが笑い話ではなく、ＡＩ開発の現場においては、こういった前提の知識不足からくる認識のズレが往々にして起こるのです。

「このＡＩは、どのようなデータを学習して構築されたのか」という言語モデルの作り方や学習のさせ方を理解しなければならない、というのはそういうことです。いくら自然言語を完璧に理解するＡＩでも、学習したデータが「医学」に関するものであれば、当然ながら「弁護士」としてのアウトプットは期待できません。

ＡＩを使いこなす人材になるためには、前提としてどんなデータを学習させるかが重要であり、そこに銀行員として培ってきた銀行業務の知識や経験が生かされる余地があります。したがって、「銀行業務の知識や経験はいらない」と言うつもりは決してなく、その知識や経験と、ＡＩを使いこなすリテラシーの両方が必須なのです。そのメッセージは、以前の私の著書や講演内容から一貫して変わっていません。

次章からは、ＡＩの仕組みや用語説明などの各論に入っていき、基礎的な知識や導入にあたってのポイントを順次解説していきます。ＡＩを〝部下〟として使いこなす意思決定者になるための最初のステップとして、引き続き本書を読み進めていただきたいと思います。

# 第3章

# 銀行ビジネスのAI活用におけるプロセス基本

前章までは、「なぜ銀行がＡＩを導入しなければならないか」についての背景や銀行の置かれている状況、生成系ＡＩの登場によって銀行業務が大きく変革する可能性についてお話してきました。

本章からはＡＩの話題によりフォーカスし、銀行業務においてＡＩを導入・活用するうえでの基本的なプロセスや、ポイントの解説に入っていきます。

私自身、銀行業務におけるシステムやＡＩの導入の実務に長く携わっており、その経験から「失敗しないＡＩ導入」の要諦をお伝えしていきます。読者の皆さまも、ＡＩ導入の責任者であるプロジェクトマネージャーになったつもりで読み進めてみてください。

## まずはAIを導入する「目的」を明確にする

あなたは、所属する銀行で、ＡＩを導入するプロジェクトマネージャーに任命されました。とはいっても、ＡＩのことはさっぱりわかりません。さて、ＡＩ導入の検討を何から着手すればよいでしょうか？

その答えは、ＡＩの導入にあたってよく失敗するパターンを知ることで見えてきます。私が経験してきた中で、よく見られる失敗のパターンは次の3点に集約されます。

①「手段」と「目的」をはき違えている
②ＡＩでできること、できないことが把握できていない
③アイデアが先行しすぎている

**①「手段」と「目的」をはき違えている**

よく勘違いされやすいのですが、ＡＩを導入すること自体が目的ではありません。ＡＩの導入はあくまで手段であり、ＡＩを利用することで解決したい「何か」が先にあるべきです。

ＡＩの導入にあたっては、その「何か」を明確にすることが最初のステップとなります。それは「売上のアップ」でもいいし、「業務効率化によるコスト削減」でもいい

でしょう。いずれにしても、ＡＩを活用することで実現したい成果が正しくイメージできていないために、後々プロジェクトが失敗につながるケースを私自身も数多く見てきました。

大規模なシステムにしろＳａａＳの業務支援ツールにしろ、新しいテクノロジーを導入する際には、その「新しさ」に注目が集まり、導入すること自体を目的とはき違えやすいものです。大局的であっても目的を設定することで、ＡＩで解決すべき業務領域が明確になり、目的達成のために必要な施策を検討しやすくなります。

## ②ＡＩでできること、できないことが把握できていない

「目的を明確にする」ことと関連しますが、ＡＩの導入に失敗する企業の多くは、ＡＩに何ができて、何ができないのかが把握できておらず、「ＡＩは何でもできる」と勘違いしてしまっている傾向があります。ＡＩで実現できることへの理解があいまいだと、目的もブレやすくなり、結果としてプロジェクトが途中で頓挫するケースは少なくありません。

いくら生成系ＡＩが大きく発展したとはいえ、ＡＩにも得意な分野と苦手な分野があり、企業が抱えるすべての課題を一気に解決に導ける万能ツールではありません。ＡＩを利用してできること、適したことを把握し、それに基づいた利用プランを立て、適切にプロジェクト化する必要があります。

### ③アイデアが先行しすぎている

ＡＩ導入の検討プロセスにおいて、試作開発に入る前段階で技術・概念・アイデアの検証を行うのですが、これをＰｏＣ（Proof of Concept：概念実証）といいます。そのＰｏＣにおいて、アイデアが先行し、バラ色のような成功イメージや、耳当たりのよい派手なＡＩ活用の未来が描かれているようなケースが散見されますが、これは要注意です。

このような派手な成功イメージというのは、往々にして上層部や顧客の理解や承認を取りつけるために描かれていることが多く、ＡＩによって実現可能なレベルから乖離しているケースもあります。結果、プロジェクトを進めるうえで柔軟性が失われ、途中で壁にぶつかりやすくなるのです。

①②にも関連しますが、現行のＡＩ技術でできること、できないことを見極めるとともに、「ＡＩでどんな課題を解決するのか」という目的を明確にすることで、地に足の着いたアイデアをＰｏＣの段階で描くことが、プロジェクト成否のカギを握ります。そのうえで上司や顧客などのキーパーソンを説得し、協力を求める外部の専門家を選定するなど、適切にプロジェクト化を進めていきます。

## 「データ」のないところにＡＩを活用できる余地はない

「目的の明確化」の次にプロジェクトマネージャーのあなたがすべきことは、入手可能な「データ」を把握することです。

ＡＩの導入に必要なのは、一にも二にも「データ」です。データのないところには

ＡＩを活用できる余地はない、と言い切ってよいでしょう。

というのは、ＡＩの開発とは「予測モデルの開発」と同義だからです。予測モデルとは、未来における入場者数や株価などの値を予測するモデルのことです。

予測モデルの構築には、「アウトプットデータ」と「インプットデータ」が必要です。アウトプットデータは「目的変数」ともいわれ、「予測したい値」を表します。対して、インプットデータは「説明変数」ともいわれ、目的変数を「予測するための値」を表します。

例として、アイスクリーム店の売上を予測するモデルを作る際には、以下のデータが必要です。

- アウトプットデータ（目的変数）＝売上額
- インプットデータ（説明変数）＝来店者数、購入商品数、来店者の属性（年齢、性別など）、来店者の過去の購入履歴、天気、気温　など大量の、かつお互いの相関の小さい多くの種類のインプットデータがあれば、それだけＡＩの学習能力は向上し、精度の高いアウトプット（予測）をはじき出すことができます。したがって、ＡＩの開発にあたっては、アウトプットデータとインプットデータが組織内のどの部署の業務に、どのデータベースに入っているのかを把握しましょう。

ここでのポイントは、「必要そう」なデータはひとまず集約しておく、ということです。というのも、ＡＩを開発する前の段階ではどのインプットデータがアウトプットデータに影響を与えるかがわからないからです。もしかすると、誰も見向きもしなかった意外なデータが売上などにインパクトを与えている可能性もあります。

したがって、ＡＩを構築する前から「このデータは必要」「このデータはいらない」と決めつけず、できるだけ多くのデータを集めておく必要があります。そのデータの集約が進めば進むほど、ＡＩの開発環境は整っていきます。

ここまでの話を一度整理すると、ＡＩの開発・導入にあたっては、まずは「ＡＩによってどんな課題を解決するのか」という目的を明確化すること。その際、ＡＩにできること、できないことを把握し、飛躍しすぎたアイデアを描かないことが重要です。

そのうえで、ＡＩ開発に必要なデータを集約すること。基本的に次の三つの要件を満たしていれば、ＡＩを導入する恩恵を受けやすい環境が整っているといえます。

①定量（数値）データや定性（文章や状態）データが集まっている
②これらのデータが長期にわたり蓄積されている（蓄積することが可能である）
③これらの大量データが業務を通じて変化している

ちなみに、銀行をはじめ金融機関においては、多くの業務領域でこれらの要件を満たしていると考えられます。金融機関の業務は、データ分析やＡＩ導入との親和性が基本的に高いのです。

## AI成否のカギを握る「定性データ」

収集・集約すべきデータには、売上や入場者数などの数値で表せる「定量データ」と、状態や状況、文章や口コミなどの数値で表せない「定性データ」の二種類があります。

**・定量データ……数値で表せるデータ**

例：預金残高、住宅ローン、貸付残高、クレジットカード利用金額、振込金額、受払利息、与信枠、財務データ、トレーディング残高、リスク量　など

**・定性データ……数値で表せないデータ**

例：記載済み申込用紙、電話対応記録、メール記録、為替記録、顧客ヒアリングシート、顧客情報、仕向・被仕向情報　など

ここで強調しておきたいのは、「定性データ」こそAIに活用すべき、ということで

す。

銀行の場合、定量データであればその所在を把握し、集約することはさほど難しくありません。対して、テキストデータなどの定性データに関しては、定量データに比べて多くの銀行で集約が進んでいません。

定性データのうち顧客情報に関するものは、「ＣＲＭ（Customer Relation Management）データ」と呼ばれます。ＣＲＭデータは、顧客の個別情報や状態を記録しているヒアリングシートのようなものの形で銀行内に保管されています。いわば顧客ごとの「カルテ」のようなもので、優秀な銀行員であれば必ず顧客ごとにヒアリングした情報を記録し、ファイリングしています。逆にいうと、これらの顧客情報が個々の銀行員の属人的なデータベースにとどまっていて、共有されていないことも多く見受けられます。

しかし、この定性データこそ、目的に見合った適切な分析手法を用いることで有効活用することが大いに可能です。これらの定性データをいかに銀行全体の共有財産として集約・蓄積できるかが、ＡＩの導入プロジェクトの成否を決めるカギといえます。

個々の銀行員が持っている定性データが、ＡＩにどのように生かされるのでしょうか。企業同士のビジネスマッチングを例に説明します。

鉄を仕入れて金属加工を行っているA社があります。A社には、質の高い鉄を安価に仕入れたいとのニーズがあります。一方、鉄スクラップを純鉄に精錬するのが得意なB社があります。B社なら、A社の課題を解決するパートナーとしてふさわしく、ビジネスマッチングは成立しやすいでしょう。銀行としても新たな資金需要の掘り起こしなどビジネスチャンスが広がります。

ところが、そのA社が北海道にあって、B社が沖縄にあれば、それぞれの支店の銀行員がA社、B社の情報を独占している限りは、永遠にマッチングは成立しません。

この個々の銀行員が属人的に保有している企業のデータを、銀行の「情報資産」としてデータベースに集約し、ＡＩの自然言語処理を用いてマッチングさせれば、本来出会うことのなかったA社とB社のマッチングが実現します。かつ、銀行員の経験や情報量という属人性が排除され、誰が提案しても同じマッチング結果が導き出せるようになります。

## AI導入検討のフローを理解しよう

ここまでの話をふまえて、AI導入の流れを具体的な検討フローに沿って整理しましょう。

### ①目的の明確化

繰り返しますが、AIの導入そのものは「手段」であり「目的」ではありません。「売上アップ」なのか「業務効率化によるコスト削減」なのか、AI導入によって実現したいこと、解消したい課題を明確にしましょう。

### ②目標の設定

①で掲げた目的が「売上アップ」であれば、「売上を3年で2倍にする」、「業務効率化」であれば「オペレーターの通話時間を2割削減する」と、具体的な目標に落とし込みます。

### ③領域の特定

「売上を3年で2倍にする」という目標に対して、それを達成するにはどの支店や部署をテコ入れすべきか、あるいはどの商品を重点的に伸ばすべきか、という領域の特定を行います。

たとえば「人口の多い政令指定都市なのに売上が伸びていない支店」「他行では人気商品なのに自行では売れていない商品」など、目標達成のレバレッジが利きやすい領域に焦点を定めます。

### ④業務調査・業務分析

テコ入れすべき支店や商品が特定できたら、実際にその支店や商品を取り扱っている部署に赴き、担当者にヒアリングを行います。支店であれば、その地域の人口構成や人口動態、主要な産業などを調べ、支店の行員が普段どのようにセールスしているかをヒアリングし、その内容をもとに業務分析を行います。

### ⑤データの所在の把握

④の業務調査・業務分析をもとに「売上を3年で2倍にする」ための仮説を立て、そのために必要なデータを特定します。繰り返しますが、AIとは「予測モデル」であり、予測に必要なインプットデータと、予測値であるアウトプットデータの両方があります。それらのデータがどこにあるのか(部署、支店など)、誰が持っているのか、データの保管方法や記録頻度などを調査し、把握します。

## ⑥データ形式の把握

最後に、必要なデータの区分(定量／定性)、記録媒体などのデータ形式を把握します。データの所在や、どんなデータ形式で保存されているのかが把握できれば、AIを開発できる環境が整ったことになります。

この一連のフローの中で最も難しいプロセスを挙げるなら、「④業務調査」でしょう。たとえば「オペレーターの通話時間を2割削減する」という業務効率化の目標であれば、オペレーターの通話内容を調べて問い合わせ頻度の多い内容を特定し、そこを自動音声化するなど、テコ入れすべき領域は比較的容易に特定できます。一方、「売

【図表3-1】AI導入検討の基本的なフロー

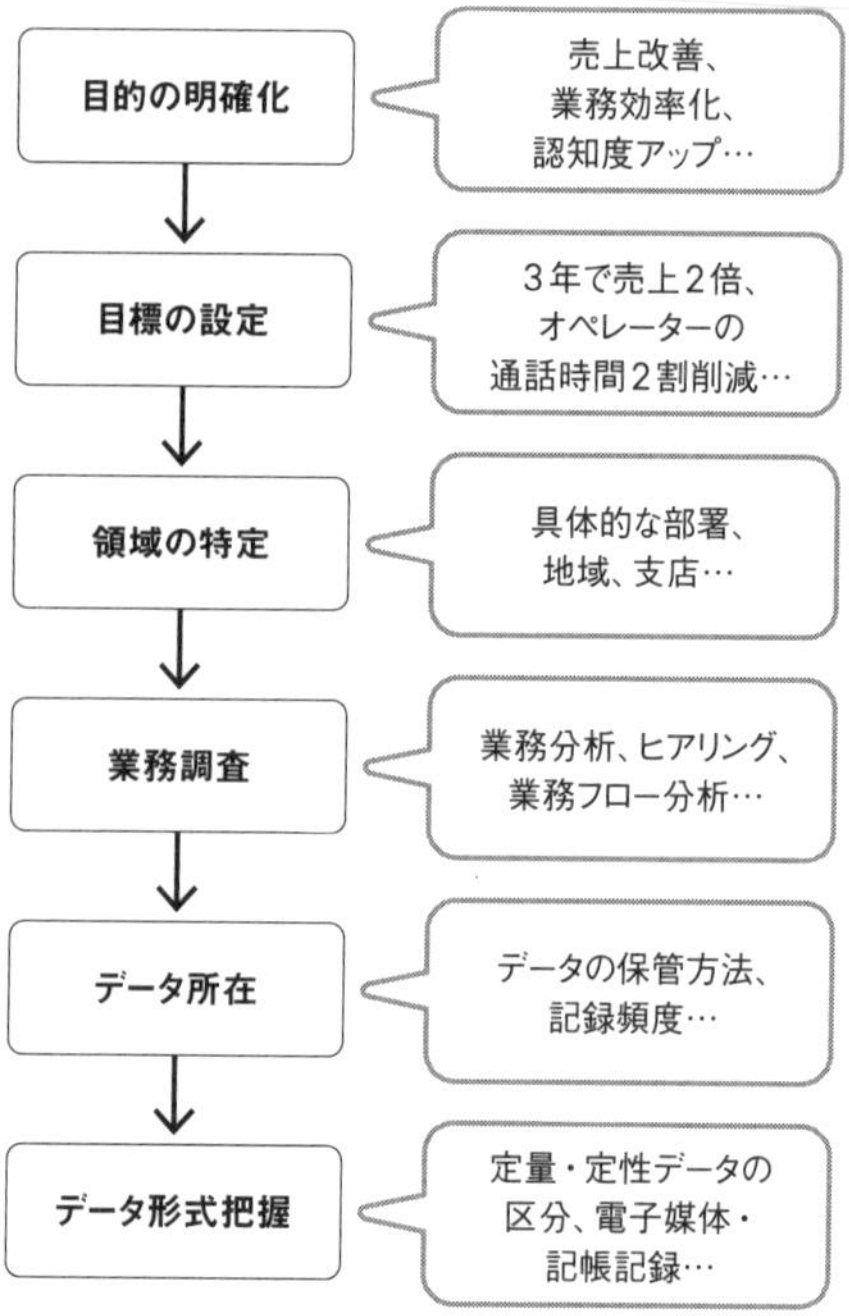

上を3年で2倍にする」目標達成のために特定の支店をテコ入れする場合、「売上」というアウトプットデータに影響を与えるインプットデータはすぐには特定できません。そもそもインプットデータがその支店にあるとは限らず、人口や天候、広告の出稿頻度などの外部データに売上が大きく左右されるようなケースもあります。

そういった外部データが主要な説明変数となる場合は、自行だけの取り組みでは限界があります。外部のデータサイエンティストの力を借りながら外部データを収集したり、売上にインパクトを与えるデータの検証を行ったほうがよいでしょう。

## データ分析はAI活用に必須のスキル

行内（あるいは外部）の定量データ・定性データを一か所のデータベースに集約することができれば、AIを活用してデータを分析する環境が整ったことになります。

ところで、そもそもなぜデータ分析が必要なのでしょうか。そこには大きく三つの理由が挙げられます。

## ①スピーディーな意思決定

ビジネスにおいて意思決定が遅れてしまうと、行動を起こすべきタイミングを逃してしまい、ビジネスチャンスを逸してしまう可能性もあります。そこで、データ分析を活用することで客観的な事実・根拠にもとづいた、迅速な意思決定を行うことができます。

## ②課題の可視化

分析したデータの結果から、自社が抱えている課題を可視化することができます。以前より感じてはいたものの、確信が持てなかった課題も、数値などのデータで見れば一目瞭然となります。課題が明確になれば、そこから実行すべき対策も見えてきます。

## ③確度の高い将来予測

さらに、データ分析を行うことで過去の傾向や因果関係などを正確に把握できれば、それにもとづいた確度の高い予測が可能となります。

【図表3-2】データ分析の代表的な手法

| 分析手法 | 分析概要 | 分析対象例 | 機械学習での重要性 |
|---|---|---|---|
| クロス集計 | 属性別の情報収集やデータ分析を行うときに使われる分析手法 | データを集める属性を決定<br>アンケートを実施 | ○ |
| ロジスティック回帰分析 | 膨大なデータから異なるデータの関係性を比較・分析していく集計方法 | 問い合わせ数<br>広告宣伝費 | △ |
| アソシエーション分析 | 顧客データを集計しデータの相関性を割り出し、この結果によって、データ単体では見つけられない隠れた法則を探り出す手法 | 相関性 | ◎ |
| クラスター分析 | 異なる種類が入り混じった集団の中から類似した集団をグループにわけ、それぞれのグループの特徴を分析していく手法 | 分類ごとの特徴 | ○ |
| 決定木分析 | クロス集計を繰り返して複数の要因から関係性を見出し、より強い要因を把握できる手法 | ターゲットの絞り込み<br>自社サービスを購入する可能性が高いユーザー属性を予測 | ◎ |
| 因子分析 | 数多くの変数を、少数の潜在変数に要約しまとめる手法 | 行動分析 | ○ |
| 時系列分析 | 時間の経過順に並んだデータを統計的に分析し、将来の値を予測する手法 | 時系列の変動要因や変動結果 | ◎ |
| ABC分析 | 売上高・コスト・在庫といった評価軸を一つ定め、多い順にA、B、Cと三つのグループ分けをし、優先度を決める方法 | 優先順位決定 | △ |

従来からよく用いられているデータ分析の代表的な手法は図表3－2のとおりです。これらの中には、高度な機械学習への応用が期待できる手法も含まれています。ディープラーニングに代表される機械学習、さらには生成系ＡＩの急速な発展もあり、データ分析のニーズはますます大きくなっています。ＡＩ活用のための準備としても、このデータ分析が欠かせません。

## 機械学習の種類　①教師あり学習

ここからは、ＡＩのさまざまな手法について紹介していきます。

生成系ＡＩのベースとなっているのは、ディープラーニングをはじめとする機械学習です。したがって、まずは機械学習の基本的な仕組みとポイントを押さえておきましょう。なお、基本的な用語の解説も掲載していますが、まずは体系的な仕組みを理解することが大事なので、細かい解説は読み飛ばしていただいてもかまいません。

機械学習とは、自らの学習によって特定のタスクを実行するＡＩです。データサイエンティストの間ではよく「ＡＩにデータを食わせる」などと言いますが、「学習」とは画像やテキストなどの膨大なデータをＡＩに覚えさせ、そこから特徴やパターンを学習させながら、正確な予測を導き出させるように訓練する、というものです。その機械学習の種類には、大きく次の三つがあります。

①教師あり学習
②教師なし学習
③強化学習

正解・不正解のラベルを人間が付けたデータを用いて学習するのが「①教師あり学習」です。

たとえば、人間の手書きの数字の画像に対し、あらかじめ「０～９」のラベルを付けておき、その画像を学習させることで、どの手書きのパターンに対しても正しい数字を導く画像認識AIは「教師あり学習」の一例です。また、車の画像を、その車のメーカーのラベルを付けた状態で学習させ、車の写真からメーカーを当てるような画像認識AIも同様です。

**〈主な教師あり学習の手法〉**

**・線形回帰**

回帰分析、特に線形回帰は一方が他方を左右する一方向の関係の分析をします。予測したい変数を従属変数（目的変数）、他の変数の値を予測するために使用する変数を独立変数（説明変数）と呼びます。回帰分析は、モデル自体を解釈しやすいというメリットがあります。

**・ロジスティック回帰**

ロジスティック回帰は、複数の要因から「イエス」と「ノー」のように明確に答えが二つになる値の「2値の結果」が起こる確率を説明します。分類問題を解くアルゴリズムで、線形回帰モデルを分類問題に対応できるように改良したものです。入力が与えられたときに、どのクラスに分類されるかだけでなく、どれくらいの確率で分類されるかを出力することができます。

**・サポートベクターマシン（SVM）**

サポートベクターマシンは、回帰・分類・外れ値の検出に用いられるアルゴリズムです。パターン認識の手法で、物事を分類します。

サポートベクターマシンには、少ないデータ量でも正しく分類しやすい、データの次元が大きくなっても識別の精度が高い、最適化すべきパラメーターが少ない、といったメリットがあります。

**・決定木**

決定木は、データから「木」構造の予測モデルを作る手法で、何らかの意思決定を助けるために活用されます。

**・ランダムフォレスト**

ランダムフォレストは複数の決定木を集めたもので、多数決や平均を取ることで精度を向上させたアルゴリズムです。「バギング」と呼ばれる手法で、教師データから何回も抽出して少しずつ異なる決定木を作成し、決定木を複数にします。

**・畳み込みニューラルネットワーク（CNN：Convolutional Neural Network）**

ニューラルネットワークとは、人間の脳にある「ニューロン」と呼ばれる神経細胞の活動を参考に考案された機械学習モデルで、ディープラーニングを理解するうえでベースとなる考え方です。

ＣＮＮは、畳み込み層とプーリング層を持つニューラルネットワークです。古典的なフィルタリング処理に着想を得ており、画像から特徴量を抽出するために効果的なモデルです。

**・再帰型ニューラルネットワーク（RNN：Recurrent Neural Network）**

ＲＮＮもニューラルネットワークモデルの一つです。ネットワーク内部に再帰構造を持つという特徴があり、時系列データの解析や自然言語処理といったタスクにおいて効果を発揮します。

**・LSTM（Long short-term memory）**

LSTMとは、RNNでは対応しきれなかった長いデータを、確実に読み込めるよう設計されたディープラーニングです。RNNとの違いは、隠れ層の仕組みにあります。RNNの隠れ層とは異なり、LSTMの隠れ層は「LSTM block」と呼ばれるメモリと、三つのゲートを持つブロックが採用されています。これにより、長期の時系列データであっても、問題なく処理を行えるようになりました。

**・時系列モデル**

時間の経過順に並んだデータをもとに、変動要因を、長期的な傾向、周期的な変動、不規則な変動などの要素を、統計的な手法を用いて分解し、将来の値を予測するものです。回帰分析の手法の一つで、一般的な回帰分析の場合は、目的変数と説明変数の関係を求めるのに対し、時系列分析では、目的変数となる現在の値と、過去の値の関係を数式化します。

**・クラスタリング（k近傍法）**

データのクラスタリング（グループ分け）をする際に、「予測データに近いデータk個の多数決によってクラスを推測」するアルゴリズムです。

## 機械学習の種類　②教師なし学習

教師あり学習と異なり、正解・不正解の答えがないデータをＡＩに学習させるのが「②教師なし学習」です。

たとえば、「さまざまな野菜の写真からその野菜の種類を当てる」ＡＩモデルでいうと、教師なし学習では、種類のラベルを付けないままＡＩに野菜の画像を学習させます。その後で「これらの野菜の画像にはどんなグループがあるか？」という問いを投げると、ＡＩモデルが自ら画像から特徴や定義（色、形など）を発見し、グループ分けの出力を返します。このような、ＡＩの自己解釈によってグループ分けすることを「クラスタリング」と呼びます。

教師なし学習では、ＡＩがデータそのものの構造や特徴を自ら解釈・分析するので、クラスタリングのほか、頻出するパターンの発見やデータの簡略化などの作業に適しているとされます。

**〈主な教師なし学習の手法〉**

**・クラスタリング**（**階層型クラスタリング**）

データ間の類似度にもとづいて、データをグループ分けする手法です。階層的クラスタリングは、データ間の類似度が近いものからまとめていく（凝集型階層的クラスタリング）、あるいは遠いものから離していく（分割型階層的クラスタリング）ものです。

**・クラスタリング**（**k-means**）

データをｋ個にグループ分け（クラスタリング）するアルゴリズムです。

**・トピックスモデル**

文書データから単語の種類など元に「出現する確率を推定する」モデルのことです。

**・主成分分析**

統計学上のデータ解析手法の一つで、たくさんの量的な説明変数を、より少ない指標や合成変数（複数の変数が合体したもの）に要約する手法です。この要約は「次元の縮約」という表現で呼ばれることもあります。要約した合成変数のことを「主成分」と呼びます。

**・t-SNE（t-Distributed Stochastic Neighbor Embedding／ティースニー）**

高次元のデータを二次元もしくは三次元に次元削減する手法です。最大の特徴として、数百または数千次元のデータですら、二次元のデータにすることが可能です。

## 機械学習の種類 ③強化学習

囲碁やチェスなどのボードゲームで、ＡＩプログラムが人間の世界チャンピオンに勝利するニュースなどを見たことがある方は多いでしょう。このＡＩプログラムを開発したのが、「③強化学習」という学習モデルです。

強化学習は、ＡＩ（学習する主体という意味で「エージェント」ともいいます）が与えられたデータをもとに自ら試行錯誤して学ぶ学習方法です。その点で「①教師あり学習」と似ているのですが、強化学習では「与えられた答えをそのまま学習し、答えを導き出す」だけでなく、「長期的に価値を最大化する」ことに主眼が置かれています。つまり、ＡＩが自ら試行錯誤しながら「株式を売却すべき時期」や「ゲームで勝つための戦略」などを導く点に大きな特徴があります。

その強化学習の学習方法は、「報酬」と「罰」を加えながら行われます。エージェントが正しい選択をしたら「報酬」、間違った選択をしたら「罰」を与えることで、エージェントが「報酬」を最大化するための行動を自ら学習し、最適な選択を行えるように導いていく、というものです。自動車の自動運転技術をはじめ、多くの技術にこの強化学習のモデルが用いられています。

## 〈主な強化学習の手法〉

### ・モンテカルロ法（MC法）

主体が行動した結果として得られる報酬が、不確定な場合に用いられる強化学習の手法です。何万回と行動を繰り返し、その結果得られる報酬から平均値を割り出して、より高い平均値を得られるように学習していきます。行動回数を増やすほど高い平均値が得られますが、時間がかかり効率が悪いという欠点があります。

### ・SARSA法

「S（現在の状態）」「A（エージェントの行動）」「R（報酬）」「S'（行動後の状態）」「A'（行動後の状態から判断した、エージェントの次の行動）」の5つの要素から構成される学習方法です。現在の状態からエージェントがある行動を取ったとき、エージェントには行動に対する報酬が与えられます。その結果、「S'」という行動後の状態が確定します。その後、エージェントは「S'」という状態を前提にして、「A'」という次に取るべき最適な行動を予測し、次の行動に移ります。この流れを繰り返すことでＡＩが最適な行動パターンを学ぶのが、ＳＡＲＳＡの特徴です。

• DQN (Deep Q-Network)

ディープラーニングを用いて価値関数を近似することで、強化学習エージェントを訓練するための手法です。深層ニューラルネットワークを使用して、状態空間から行動価値関数を学習します。

## 機械学習によって発展した「自然言語処理」

これらの機械学習は、生成系ＡＩの中核技術である自然言語処理を大きく飛躍させました。機械学習の持つ大量データを学習し、推論を行う機能によって、文章の文脈や意味を学習し、その単語や文章の意味を定量化（ベクトル化）することで、単語間の類推や文章間の推論、文脈間の因果関係を人間と同等に推測することができるようになったのです。

この自然言語処理についても、代表的なモデルを紹介しましょう。

## 〈主な自然言語処理の手法〉

### ・固有表現抽出

地名・人名・組織名といった固有名詞に数量や日付、時間などを加えたものを「固有表現」と呼びます。固有表現抽出とは、インプットされた自然文から組織・人名・地名・製品名などの固有名詞に日時や数量、時間などを加えた固有表現を機械的に取り出すタスクのことを言います。

### ・X2Vec

ある主体（単語や文章、文章で説明された企業や商品）を定量化（ベクトル化、埋め込み化）することで、その主体間の関連性（意味の近さ）を距離で定義できるようにしたものです（図表3－3）。代表的なモデルに「Word2vec」「Doc2Vec」などがあります。

定性データである単語や文章を定量化（ベクトル化、埋め込み化）する際は、専用のライブラリ（Gensimなどの埋め込み専用の機械学習ライブラリ）などが使われていますが、BERTなどの活用で、より精密な定量化が行えるようになったと言われています。

【図表3-3】X2Vecによる単語の定量化（ベクトル化）のイメージ

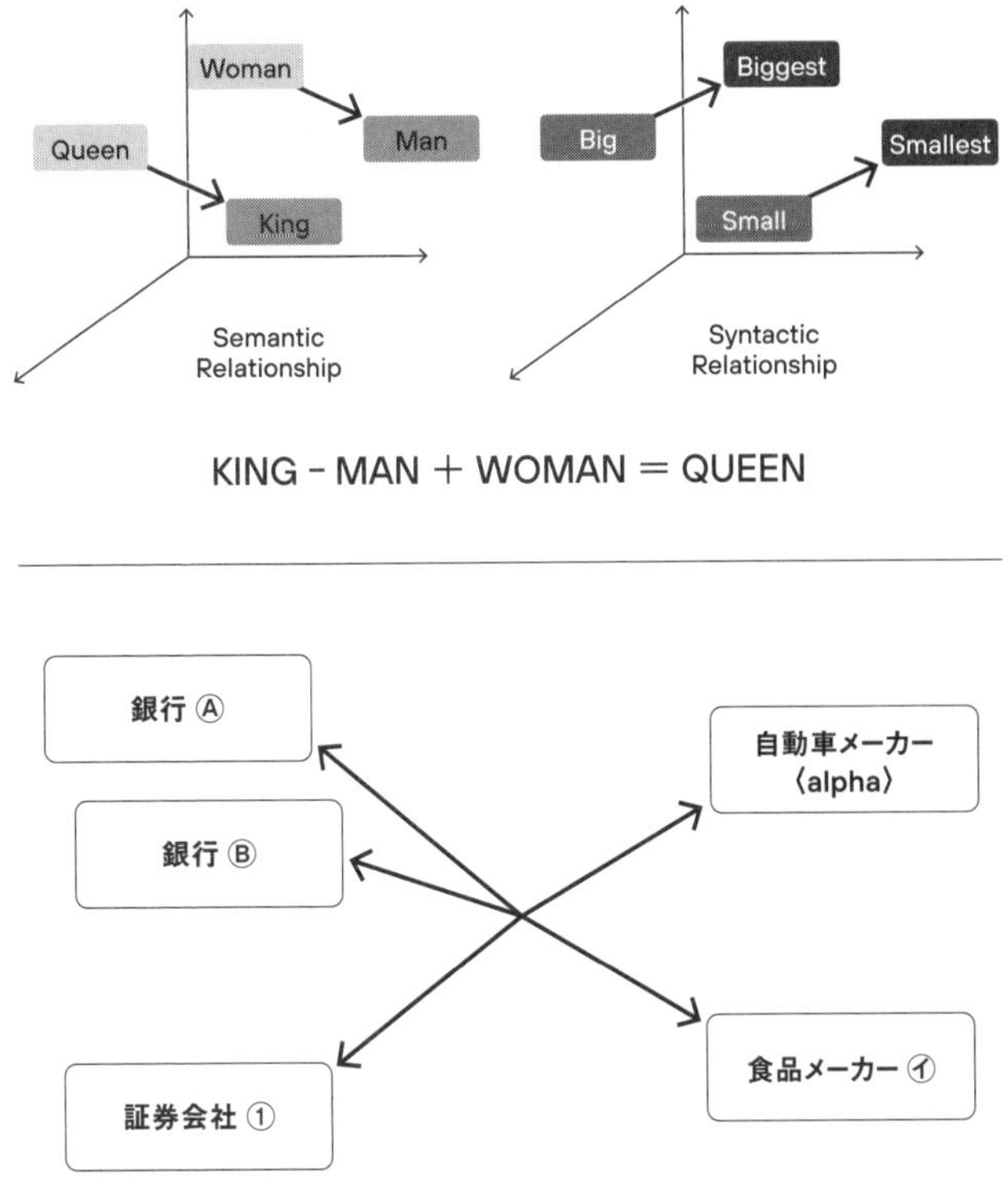

【図表3-4】ナレッジグラフ

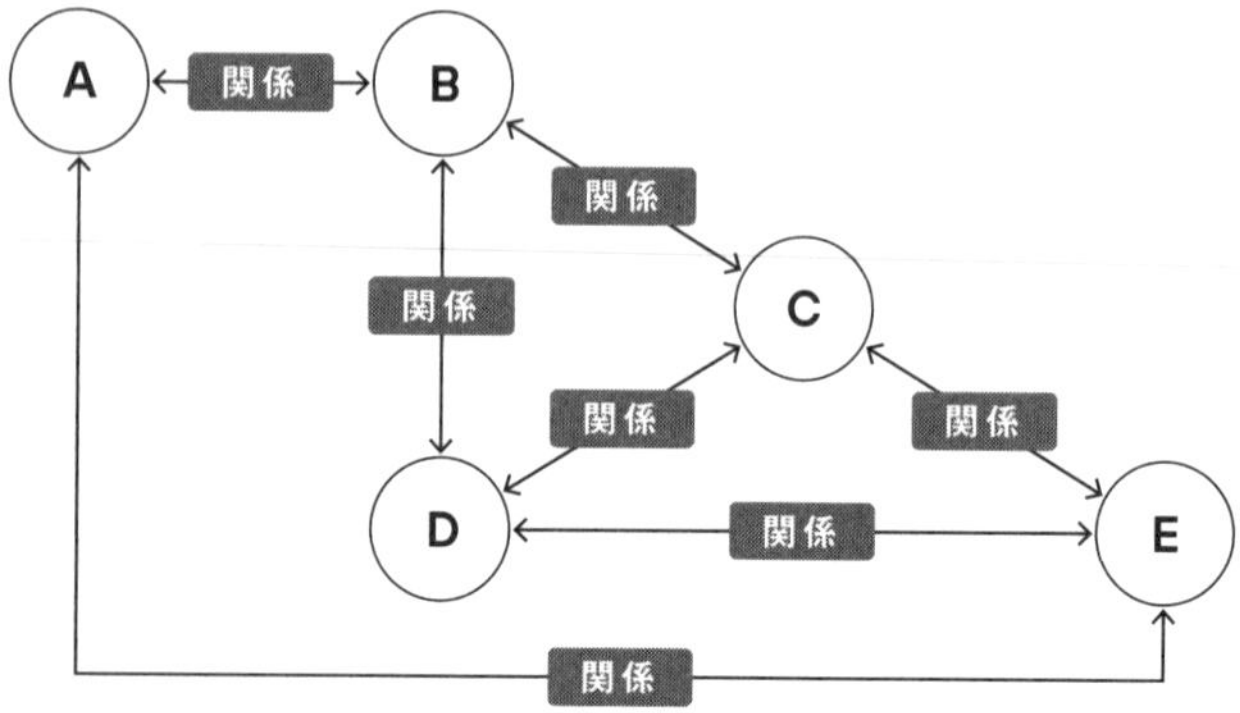


**・BERT**

BERT（Bidirectional Encoder Representations from Transformers）は、グーグルが2018年に発表した自然言語処理モデルであり、大量のテキストデータを使用して事前学習された後、特定のタスクに適応するために追加のトレーニングを行います。

BERTでは、文脈を考慮した単語表現を学習することにより、自然言語の理解や解析の能力を向上させます。通常の単語埋め込みモデルとは異なり、BERTは文脈を前方と後方の両方向から学習するため、より深い意味理解を可能にします。

**・ナレッジグラフ**

ナレッジグラフとは、さまざまな知識（＝ナレッジ）を体系的に連結し、グラフ構造で表した知識のネットワークのことです（図表3－4）。

ナレッジグラフを用いることでデータの連携・統合や知識の発見、あるいは高度な分析などが可能となり、プロセス最適化や意思決定の支援にもつながります。そのため、蓄積された多くの知識を基盤とするさまざまな専門領域への応用が期待されています。

## 幅広い応用が期待される「対話型AI」

ChatGPTに代表される「対話型AI」についても解説します。

対話型AIとは、あたかも人同士が対話するように、人とコンピュータが対話することができるAIです。その技術は、ここまで説明してきた機械学習と自然言語処理の二つのAI技術で構成されています。

対話型AIの一例として、音声入力によって応答するものとしてはAIスピーカーの「Ａｌｅｘａ」や「Ｓｉｒｉ」が有名でしょう。また、文字入力に対して応答する対話側ＡＩには「ＣｈａｔＧＰＴ」やマイクロソフトの「Ｂｉｎｇ」などがあります。

対話型ＡＩの活用可能性は非常に広範にわたります。応用が期待できる例をいくつか挙げておきます。

**・カスタマーサポート**

対話型ＡＩは、ユーザーの質問や問題に対してリアルタイムで応答することができます。ユーザーがチャットボットや仮想アシスタントと対話することで、製品やサービスに関する情報やサポートを効率的かつ迅速なカスタマーサポートを実現することができます。

**・パーソナルアシスタント**

対話型ＡＩは、ユーザーの要求や好みを学習しながら、個別に最適化された情報やサービスを提供することができます。たとえば日常のスケジュール管理、リマインダーの設定、旅行の計画、天気予報の提供など、個別のニーズに合わせたサポートを提供することができます。

**・教育支援**

対話型ＡＩは、学生や教師に対して教育支援を提供することができます。学習者が質問を投げかけたり、課題に取り組んだりする際に、対話的な形式でフィードバックや解説を行うことができます。また、学習の進捗をモニタリングし、個別に適応した学習コンテンツを提供することも可能です。これによって教育サービスの向上や、教員の労働環境の改善などを実現することができます。

**・仮想トレーニング・シミュレーション**

対話型ＡＩは、仮想環境でのトレーニングやシミュレーションに活用することができます。たとえば、医療や軍事などの分野で、特定のシナリオや状況に対してリアルな対話や振る舞いを行う仮想キャラクターを作成することができます。

ここに挙げた例に限らず、多くの応用例が期待できる対話型ＡＩですが、その正確性や内容の検証などにはまだ多くの課題が残されています。したがって、本章の冒頭で述べたように、ＡＩにできること、できないことを見極めながら活用領域を検討する必要があります。

## 課題解決のポイントは「複数のＡＩを組み合わせる」

本章の最後に、ＡＩを組織の課題解決に活用する際に重要なポイントを一つお伝えします。

それは、「複数のＡＩを組み合わせる」ことです。

そもそも「課題解決」とは何か、を考えてみると、まず解決の前にその課題に対する理解が前提となります。人間がある課題を理解する際は、その内容の把握はもちろんのこと、他の課題との類似性や、課題に登場するステークホルダーや組織の関係性、課題に関連する事柄の量的・質的な変化など、多くの情報を処理しながら多角的な手法を意識的・無意識的に用いています。

たとえば「猫のスケッチをする」というタスクに対して、人間はタスクの内容を「理解する」、対象である猫を「見る」、手を動かして「描く」、といったように、個々に独立した機能を複合的に活用しながら、「猫のスケッチをする」というタスクを処理していきます。

ＡＩモデルを構築する際も、基本的にＡＩ単体では特定の小さな課題しか解決できないので、得られる効果には限界があります。したがって、必要なデータ分析や機械学習の機能、自然言語処理など複数のＡＩを組み合わせることで、人間の認知能力に近づけ、より複雑なタスクを処理するＡＩモデルを構築することができます。

具体的にいうと、生成系ＡＩに「猫の絵を描いてくれ」と指示したとします。「猫」という言葉を認識するのは自然言語処理ですが、絵を描くのは画像認証の技術です。したがって、「猫の絵を描く」という課題に対しては二つの大きなＡＩが組み合わされています。この「複数のＡＩを組み合わせたモデル」の最たるものが、実はＣｈａｔＧ

【図表3-5】 複数のAIを組み合わせて現実的な課題に対応する

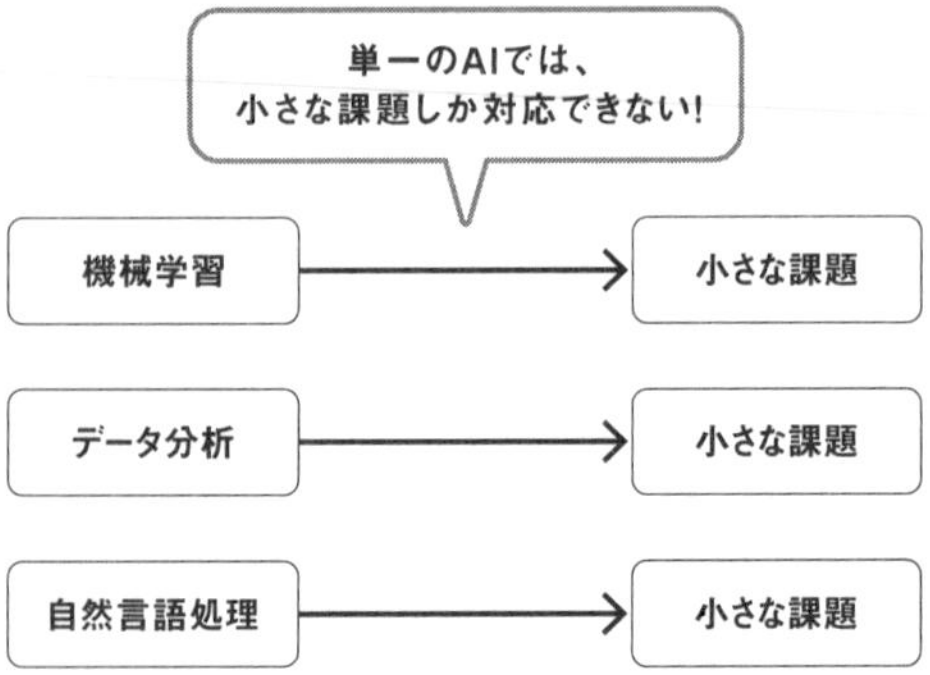


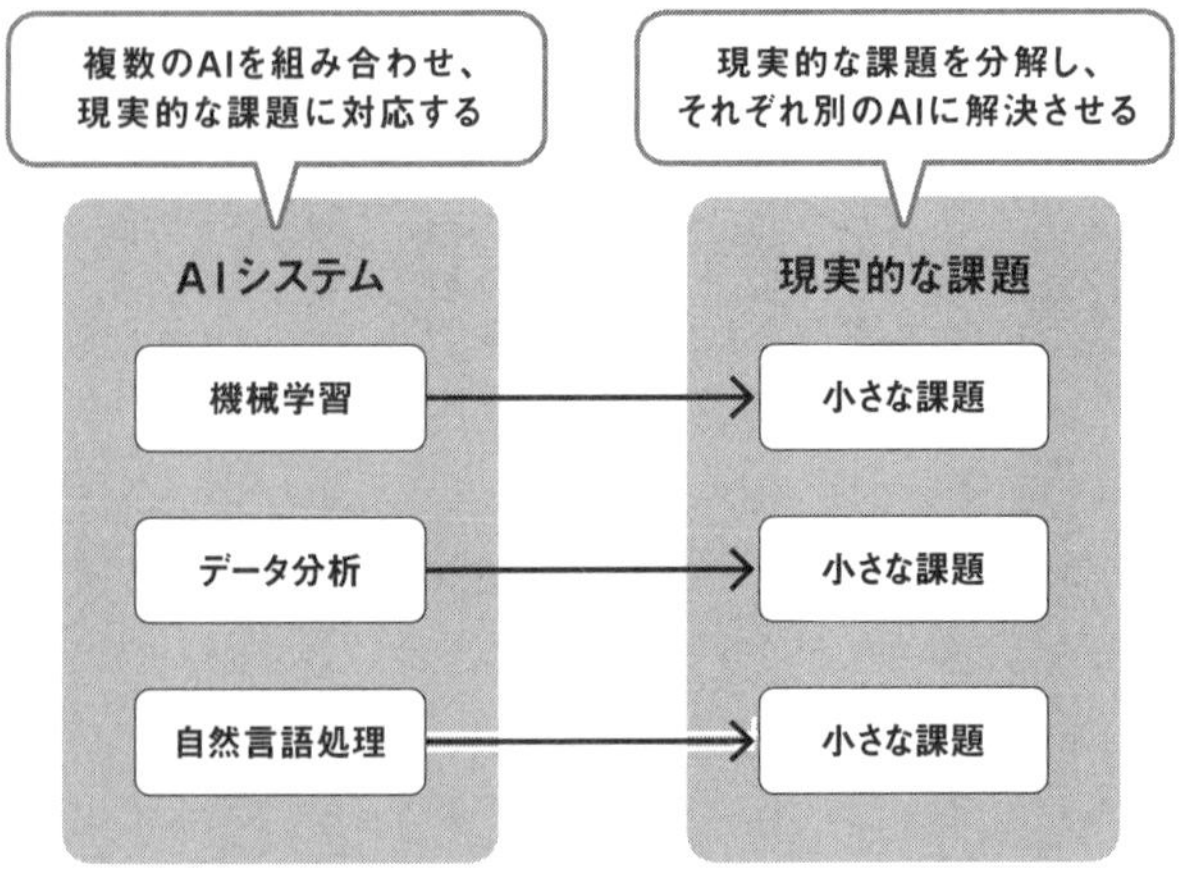

PTで、小さなAIがたくさん集まることで大きな課題を解決しているのです。

ここまでご紹介してきたように、利用できる機械学習の手法（アルゴリズム）は多岐にわたります。AIシステムを検討する際は、解決すべき課題を小さい課題に分解し、個々の小さい課題を解決しうるアルゴリズムを組み合わせながら、現実的な課題を解決するアプリケーションを開発しましょう（図表3－5）。

次章からは、より具体的な銀行業務におけるAI活用のアプローチについて、リテール部門、ホールセール部門、アンチマネーロンダリングをはじめとする金融犯罪対策、の順に解説していきます。AIを導入することでどんな業務を効率化できるか、新たな価値を創出できるか、より具体的なイメージを深めていただきたいと思います。

# 第4章

# 銀行ビジネスはこう変わる

## ——リテール編

ＡＩの導入によって、銀行ビジネスはどう変わるのか――本章では、個人の顧客を対象としたリテール・ビジネスにおけるＡＩ活用の具体的な手法を紹介します。

預金口座の獲得や住宅ローンの審査など、リテール・ビジネスは業務フローがある程度決まっており、多くの件数を処理することから、総じてＡＩの導入によって効果を上げやすい領域といえます。特に、ターゲティングを高度化する「ターゲティングＡＩ」の活用によって、各種ローンや金融商品の提案、督促順位付け、ＤＭ送付先の抽出といった業務を高度化することが期待されます。

これから銀行組織においてさらなる人員削減が課題となる中で、いかにＡＩを活用して限られた人員のナレッジを底上げするか。そして、キャンペーンのターゲティングや、複雑化するローン審査業務の効率化を図るか、が大きな課題となります。そのリテール・ビジネスにおけるＡＩ活用のソリューションと、それによってリテール・ビジネスがどう変化するのかを見ていきましょう。

## 定性データの活用でさらに進化する「ターゲティングＡＩ」

個人顧客を対象とするリテール・ビジネスの営業施策では、法人を対象とするホールセール・ビジネスと比べて多くの顧客が存在します。そのため、行員が時間や労力をかけて一人ひとりの顧客に手厚いアプローチをすることは現実的には不可能です。したがって、販売する商材やソリューションごとに顧客に優先順位をつけ、アプローチする対象を絞り込むことがリテール・ビジネスの基本戦略となります。これをマーケティング用語で「ターゲティング」といいます。

これまでのターゲティングは、担当者の経験や勘に頼らざるをえず、行員ごとに提案の精度に差が生じていました。このことが、効率的な組織運営を難しくしていました。

これからは、ベテラン担当者の経験を銀行内の資産としてデータ化して蓄積・共有し、ＡＩに学習させることでターゲティングを高度化する「ターゲティングＡＩ」の導入が、リテール・ビジネスにおいては欠かせません。このターゲティングＡＩによって、担当者間でバラつきのあったナレッジを平準化すると同時に、見過ごされていたビジネス機会の発見・創出にもつなげることができます。

実際、機械学習が注目を集め始めた２０１０年代半ば頃から、一部の銀行では機械学習を活用したターゲティングＡＩの導入が試みられてきました。銀行が保有する膨大な顧客データをＡＩが学習することで、成約の見込みの高い顧客の抽出や、解約リスクの高い顧客の予測に活用する事例が増えています。

ただ、これまでのターゲティングＡＩでは、預金残高や取引履歴などの「定量データ」を分析することで、ターゲットとなるか否かを推定する（これを「2値分類問題」といいます）手法が主流でした。この分析手法も一定の成果を挙げてきましたが、一方で数値化しにくいテキストなどの「定性データ」は、単純化して定量データを補足するフラグなどに活用する程度で、必ずしも効果的に活用していたとはいえない状況でした。

それが、２０２０年代に入り自然言語処理の能力が大きく向上したことで、定性データの潜在的な有用性がクローズアップされるようになりました。長年の課題となっていた定性データの活用の途が拓けたことで、ターゲティングＡＩの精度をさらに向上させることが技術的に可能となったのです。

## リテール・ビジネスにおける「ＣＲＭ情報」の重要性

リテール・ビジネスで分析対象となる定量データと定性データには、次のような種類があります。

**・定量データ**

流動性預金残高、定期性預金残高、投信保有時価、フリーローン貸出残高、カードローン貸出残高、教育ローン貸出残高、マイカーローン貸出残高、住宅ローン貸出

残高、入金月中平均額、出金月中平均額 など

**・定性データ**

年齢、住所、性別、給与口座有無、年金口座有無、公共料金、引落口座有無、家族構成、戸別訪問記録、職業 など

ここに列挙した他に、定性データにおいては第3章でもお伝えした「CRM情報」、つまり顧客特有の情報がAI構築のカギを握ります。

CRM情報は通常、オフライン（支店の窓口）やオンライン（インターネット・スマートフォンアプリ）を通じて、申告書やアンケートなどの形で顧客に記載してもらい、テキストデータとして取得します。このテキストデータを生成系AIが読み込み、自然言語処理することで、ターゲティングAIの予測精度を高めるのが、銀行におけるAI活用の新しいトレンドとなっています。

したがって、オンライン・オフラインともに、顧客とのタッチポイントをいかに設けられるかが、CRM情報の収集においては重要となります。

## 生成系ＡＩがＣＲＭ情報活用の途を拓いた

従来のＡＩの機械学習においては、定性データを定量化する作業が前処理として必要でした。たとえば、性別であれば「男性：0」「女性：1」といったように番号をつけたり、言語をベクトル化することで定量化し、定量データと統合することではじめてデータ分析に活用できる、というものです。その前処理を行うツールの開発も必要とされていました。

ところが、生成系ＡＩが登場して自然言語処理能力が発達してからは、この定量化の作業は必要なくなりました。定性データを生成系ＡＩにインプットするだけで、自動的に自然言語処理にかけ、内部的にベクトル化(定量化)し、自動的に内容を解釈してくれるからです。

この生成系ＡＩによって、ＣＲＭ情報をＡＩの機械学習に活用する途が大きく拓け、リテール・ビジネスにおけるＡＩ活用の可能性が広がったといってもよいでしょう。

ただ、ＣＲＭ情報には顧客の独特の個性や特徴が強く反映されています。そういった個性や特徴はデータ量としては少ないので、単純に定量化し、機械学習の変数（特徴量）として使用すると、かえって顧客の個性や特徴などの情報が膨大なデータの中に埋没し、うまく反映されない可能性があることには注意が必要です。

したがって、ＣＲＭ情報をはじめとする定性データは、ターゲットＡＩの機械学習に使用するよりも、ターゲットＡＩが機械学習で作成したターゲット・リストの順位を自然言語処理によって補正する「フィルター」として活用するのがベターです（図表４－１）。

生成系ＡＩの活用において、技術的な留意点をもう一つ付け加えます。ＣｈａｔＧＰＴに搭載されている「ＧＰＴ－３・５」やグーグルが公開した「ＰａＬＭ２」などの生成系ＡＩには、非常に高性能な自然言語処理技術が搭載されているのですが、機能を提供している各社のＡＰＩを介してのみ利用可能であり、そのベンダー依存性が、秘匿性の高い情報を扱う金融機関でただちに活用しにくい実情もあります。

【図表4−1】CRM情報を活用したターゲット・リスト作成のイメージ

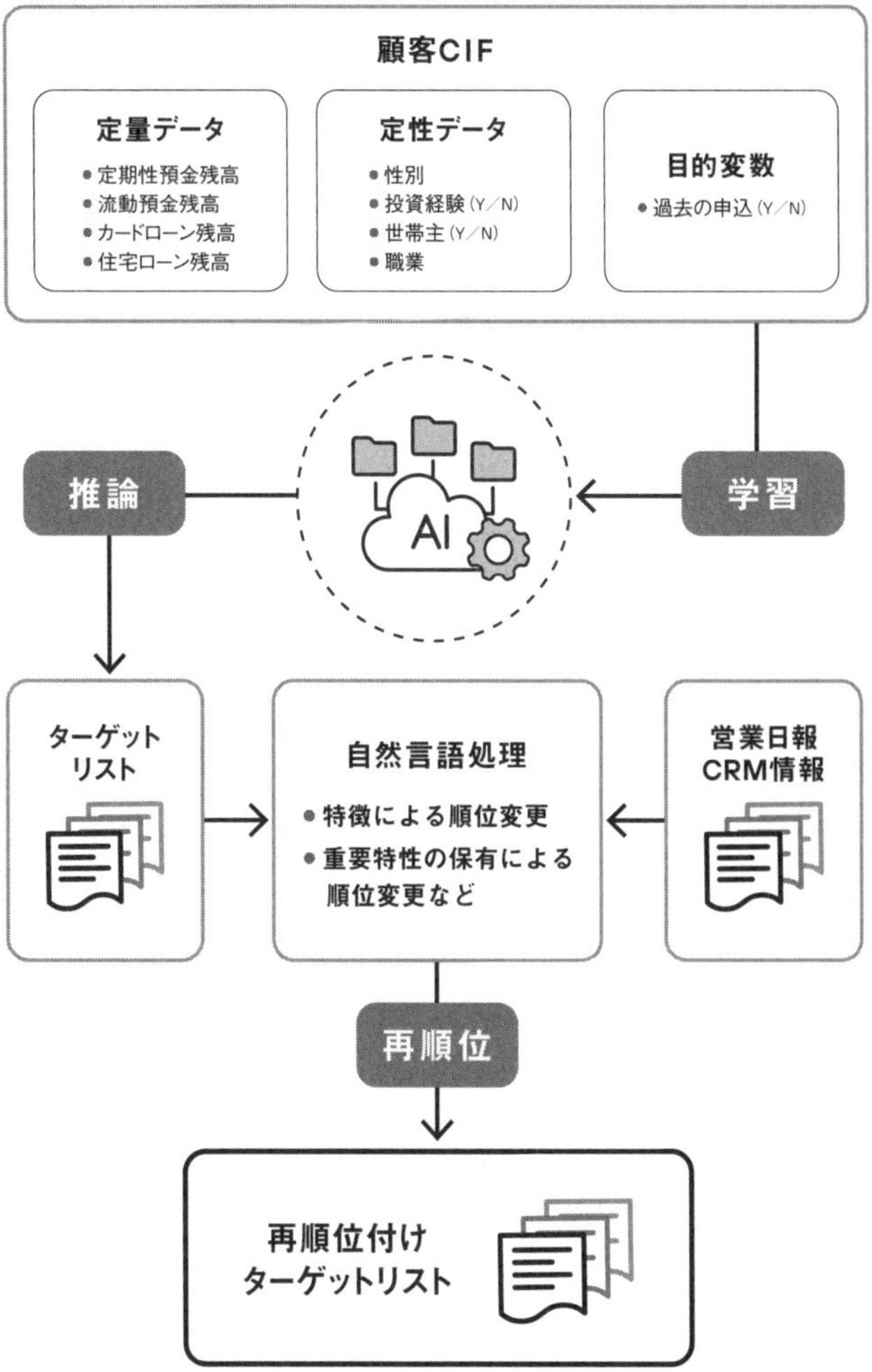

## 【図表4-2】主要な生成系AIの種類と金融機関での使いやすさ

| 自然言語処理名・内容 | 応用例 |
|---|---|
| **X2Vec**<br>Word2vecやDoc2Vec等に代表されるベクトル化技術。<br>各単語や文章をベクトル化し、類似単語や類似文章の距離を算出することができ、距離が近いほど類似した単語や文章を判断することができます。 | ・スパムフィルタリング<br>・感情分析<br>・文書分類<br>・コンテンツベースのレコメンド<br>金融機関での使いやすさ：◎ オープンソース |

| 自然言語処理名・内容 | 応用例 |
|---|---|
| **BERT**<br>Bidirectional Encoder Representations from Transformersを略した自然言語処理モデルであり、Transformerと呼ばれるアーキテクチャ（構造）を組み込むことによって、「文脈を読めるようになったこと」が挙げられます。また、汎用性が高いという特徴もあります。 | ・検索エンジン　・チャットボット　・機械翻訳<br>・テキストデータのポジティブネガティブ分析<br>・大量のテキストデータの文章分類<br>・大量のテキストデータの文章要約<br>・稟議書の記載内容や誤字チェック<br>・電子カルテの記載内容チェック<br>金融機関での使いやすさ：◎ オープンソース |

| 自然言語処理名・内容 | 応用例 |
|---|---|
| **GPT-3**<br>GPT-3とは「Generative Pre-trained Transformer-3」の略称で、OpenAIが開発した事前学習済みの自然言語処理モデルです。<br>2020年に、Microsoft（マイクロソフト）社はOpen AIからGPT-3の独自ライセンスを取得しました。また、2021年には同社のクラウド基盤「Azure（アジュール）」にて、Open AI APIによってGPT-3を利用できるサービスの提供をスタートしています。 | ・Eメールや小論文など文章の自動生成<br>・提案書やマニュアル、報告書など各種ドキュメントの自動生成<br>・ドキュメントを元にしたFAQ（よくある質問）の自動生成<br>・チャットボットなどの質問応答や自動対話<br>・問い合わせに対する自動返信<br>・商品画像からキャッチコピーを自動生成<br>・プログラミングコードの自動生成<br>金融機関での使いやすさ：△ ベンダー依存（＊） |

| 自然言語処理名・内容 | 応用例 |
|---|---|
| **PaLM2**<br>PaLM（Pathways Language Model, パスウェイズ言語モデル）は、Googleが開発した大規模言語モデル（LLM）のひとつ。最新版は Google I/O 2023で発表されたPaLM2であり、より幅広い利用を想定して開発されました。<br>2023年3月にGoogleはデベロッパー向けにPaLMの一部APIを一般公開しています。 | 2023年5月に公開された新しい自然言語処理の仕組みであり、今後の応用例が待たれますが、汎用的に以下のタスクが得意とされています。<br>・多言語対応（Multilinguality）<br>・推論（Reasoning）<br>・コーディング（Coding）<br>金融機関での使いやすさ：△ ベンダー依存（＊） |

＊2023年7月1日現在

その導入に伴うハードルの高さが、現状では課題として残されていることには注意が必要です（図表4－2）。

## 定期性預金獲得における「ターゲティングAI」の活用法

ここからは、リテール・ビジネスにおける実際の業務がAI、特に生成系AIの導入によってどのように高度化できるか、実践的な手法とポイントを見ていきましょう。

まず、銀行業務の基本中の基本である「預金の獲得」です。

日本銀行の「日銀統計」によると、普通預金と定期性預金を合わせた国内銀行の個人口座数は約7億2500万口座（2022年9月末現在）で、20年以上の長期トレンドで見ると少しずつ減少しています（図表4－3）。新規の預金口座獲得は銀行業界共通の経営課題で、各行ともさまざまなキャンペーンを展開しています。

【図表4-3】 国内銀行の個人口座数の推移

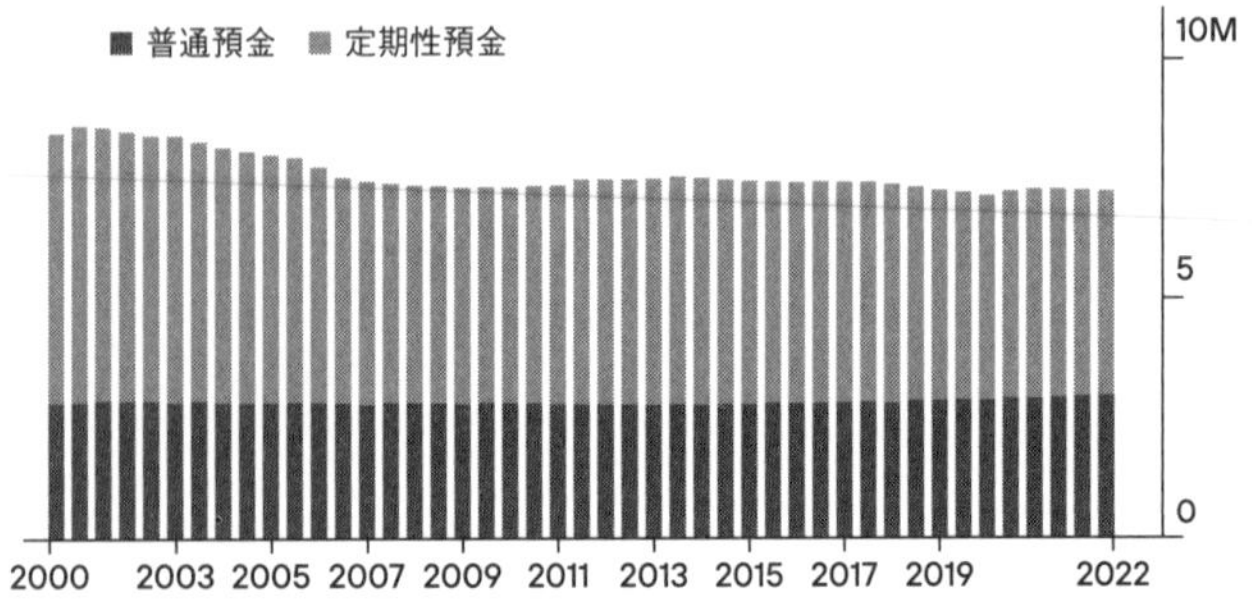


単位：100口座

出典：日本銀行「日銀統計」

預金には大きく分けて、利息が比較的高く、長期で貯蓄するための「定期性預金」と、個人が日々の決済や送金・着金に利用する「流動性預金（普通預金など）」の二種類があります。

定期性預金については、「将来のためにお金を貯めておきたい」など、顧客の側に口座を開設する明確な「目的」があります。したがって、預金獲得の施策においてはその目的に適合する人かどうかを判断することが中心命題となり、ここにターゲティングAIを導入しうる余地があります。これは他の金融商品においても同様です。

また、定期性預金の場合、顧客の属性に関するパラメータ（変数）が豊富にあり、「20〜30代より年齢が高い50〜60代が定期預金を申し込みやすい」といった申込者の傾向が読み取りやすいのが特徴です。加えて、キャンペーンなどのトリガーがあり、優先順位をつけたターゲット・リストをもとにDMを送るといった施策が設計しやすいので、総じてターゲティングAIの導入による効果が出やすい領域だといえます。

銀行内には、過去に行った定期性預金のキャンペーン施策のデータが蓄積されており、たとえばDMを送ったターゲットや、DMに対する申し込みの有無といった情報が蓄積されています。それらのデータを機械学習させ、AIによるターゲット・リストを作成します。そのターゲティングAIがはじき出した属性に絞った形でDMを送信することで、無差別にDMを送る場合に比べて業務効率は格段に向上し、かつ、口座獲得の成果にもつながりやすくなります。

なお、ターゲティングAIを含む機械学習の基本ですが、事前に用意した過去データを用いて機械学習モデルを作成することに加え、日々の業務で利用していく過程においても、機械学習モデルを改善していく工程を取り入れることが重要です。AIが学習すればするほど、申し込みにつながりやすい属性、つながりにくい属性の判断の精度は向上していきます。この「使えば使うほど賢くなる」工夫を機械学習のシステムやアプリケーションの運用に取り入れる考え方をＡＩ用語で「再学習」と呼びます。

## 流動性預金の獲得には「ナレッジグラフ」が有効

もう一方の「流動性預金」については、定期性預金に比べてキャンペーンなどの企画が立てにくい特性があります。

なぜかというと、普通預金口座を開設する際に明確な「目的」がないからです。思い返してみると、私たちが最初に普通預金口座を開設したときも、アルバイトや就職の際に給料を振り込む口座を作らなければならないなど、必要に迫られて受動的に開設するパターンが大半で、会社から銀行を指定されることも少なくありません。また、普通預金口座は年齢、性別、資産状況にかかわらずすべての人が持っているものであり、定期性預金に比べて顧客層が広すぎてターゲティングがしにくいのです。

現在も都市銀行、地方銀行を問わず、新社会人などをターゲットとした口座開設のCMキャンペーンなどを大々的に展開していますが、逆にいうとターゲティングがしにくいのでこういったマスプロモーションのアプローチに頼らざるをえない事情があります。

かつて、人口が増加するトレンドにおいては、黙っていても口座数は増えていたので、銀行にとって流動性預金は積極的に増やすものではなく、基本的に口を開けて待っていればよいものでした。かつ、流動性預金は定期性預金と比べて滞留率（口座への入金に対して、残高が滞留する割合）が低く、銀行にとっては不安定で扱いにくいため、それも積極的に増やそうとしない理由の一つでした。

しかし、前述したように預金口座数は減少トレンドにあり、今後は人口減少や人々の銀行離れが進む中で、ますます減少する可能性があります。よって、流動性預金口座を集めることが、各銀行において経営課題としてのプライオリティが高まっており、滞留率が低くてもパイを拡大することで資金残高を確保したい、との思惑があります。

その流動性預金の獲得においては、機械学習のターゲティングAIより、第3章で紹介した「ナレッジグラフ」の活用が有効です。つまり、流動性預金の送金・着金データをもとに、他行からの「仕向送金」と他行への「被仕向送金」を特定することで、自行口座から他行口座への送金、あるいは他行からの着金の状況を分析するというものです。

ナレッジグラフを見て、もし送金・着金が自行内で完結していれば、資金が自行内で還流している証拠ですが、他行に流出しているのであればそれを食い止める必要があります。

たとえば、ある自行口座から預金者である鈴木さんの他行口座への送金があり、その鈴木さんの他行口座は自行からの着金が多い口座だと判明したとします。手数料のコストや利便性を考慮すると、鈴木さんにとっては自行口座を開設するメリットがあるといえます。ここに、鈴木さんに自行の口座開設を勧めるビジネスチャンスが生まれます。

また、今度は佐藤さんの名義で他行口座から自行口座への送金（自行口座の着金）が

【図表4-4】ナレッジグラフによる送金・着金口座の特定

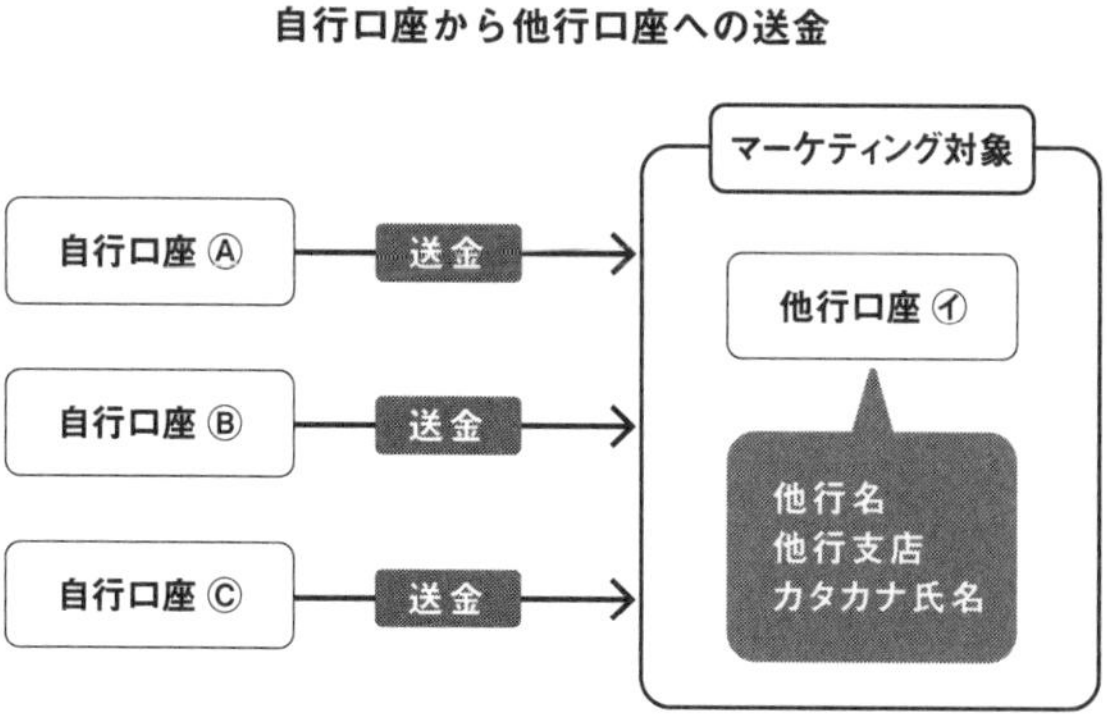


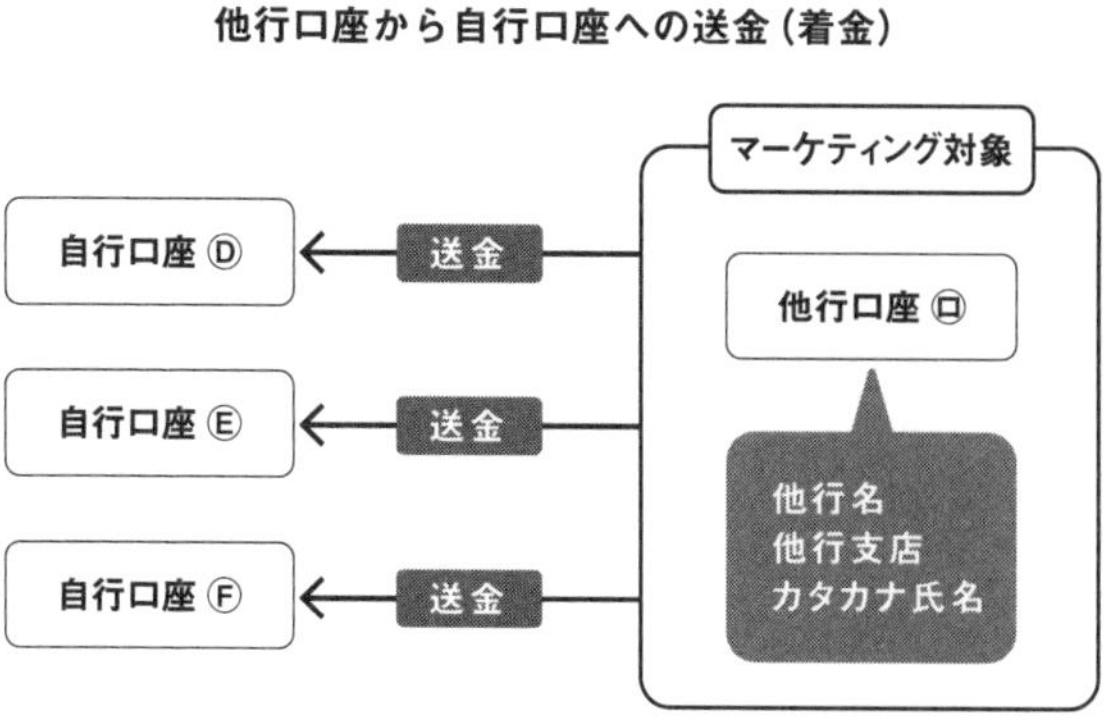

多い事実が判明したとします。今度は、その佐藤さんに対して「自分の銀行にたくさん振り込んでいるなら、口座を開設しませんか」という提案ができるわけです。

もちろん、すべての普通預金口座をくまなく調べる必要はなく、たとえば「他行に一億円以上送金している」など、大口の出入金がある個人顧客に特定し、アプローチをかけるのがよいでしょう。

## 複雑化する住宅ローン審査をいかに高度化するか？

銀行のリテール・ビジネスにおいてはさまざまなローン商品を販売していますが、中でも主力となる商品は「住宅ローン」です。

「建築着工統計調査」（国土交通省）によると、新築住宅着工戸数は１９６０年代から人口増加とともに急上昇を続け、１９７０年代の半ばにピークを迎えます。しかし、

【図表4-5】新築住宅着工戸数の推移

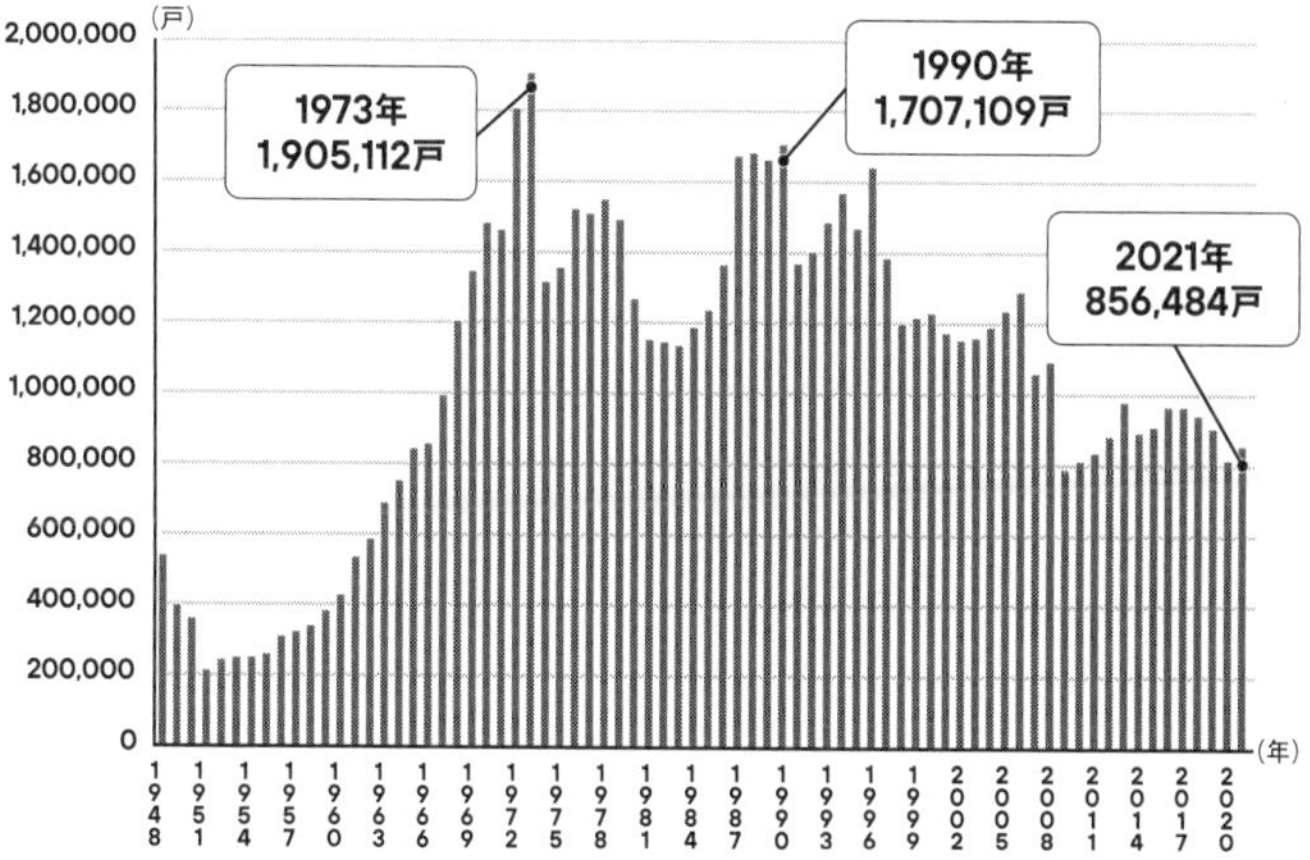


出典：国土交通省「建築着工統計調査」

特にバブルが崩壊した1990年代半ば以降は、長期的に見ると減少傾向にあります（図表4－5）。

人口増加に伴い住宅戸数が増えていた1970年代～90年代と異なり、現在は新規の契約が大きく増えるような状況にはありません。

一方で、コロナ禍以降は地方の郊外の住宅需要が高まるなど、社会の変化を受けて新たな住宅需要が生まれています。そういったトレンドをふまえて、銀行にとっては今まで住宅ローンの融資対象として考慮していなかった顧客層も開拓し、審査しなければならない事情があります。

住宅ローンは、顧客にとって「目的」が明確であるという点で定期性預金と共通点があります。そこで、住宅ローンの新規顧客開拓においては、定期性預金と同様に「ターゲティングＡＩ」の導入が有効です。

一方、住宅ローンが定期性預金と異なるのは「審査」があるという点です。その審査業務においては、「融資を実行する・しない」という2値分類問題を推論する機械学習のモデルを活用するのが一般的です。その際、図表４－６のような顧客情報が変数（特徴量）として採用されます。

これまでの住宅ローン審査の機械学習モデルでは、「上場企業」「30代」「連帯保証付き」などの条件が揃えば融資対象となる、という単純な推論ができれば事足りていました。しかし、今日の融資対象を広げなければならない状況においてすべての顧客を同一の機械学習のモデルで評価すると、優良な顧客のみに対象を絞り込みすぎてしまうおそれがあります。

そこで、定期性預金の獲得のように顧客傾向のみで評価するのではなく、年代別な

【図表4-6】住宅ローン審査におけるデータの種類

| データ名 | 定量／定性 | データ識別 |
| --- | --- | --- |
| 顧客の年齢 | 定量 | 特徴量 |
| 仕事のカテゴリ | 定性 | 特徴量 |
| 結婚ステータス | 定性 | 特徴量 |
| 学歴 | 定性 | 特徴量 |
| 年収 | 定量 | 特徴量 |
| 副収入 | 定量 | 特徴量 |
| ローン残高 | 定量 | 特徴量 |
| ローン期間 | 定量 | 特徴量 |
| 個人信用スコア | 定性 | 特徴量 |
| 資産 | 定量 | 特徴量 |
| 顧客の審査可否（0～1） | 定量 | 目的変数 |

ど顧客カテゴリーごとに機械学習モデルを作成し、その顧客カテゴリーごとに審査を行うことで、より精度が高く、かつさまざまな属性の顧客を融資対象として幅広く選定することができます。

また、融資対象を拡大するということはそのぶんリスクも高まるので、年収や雇用形態といった画一的な情報だけでなく、個人のパーソナルな情報も含めて詳細に審査する必要があります。ただ、その厳密な審査に多くの時間と労力をかけるのでは、現実的に業務が回りません。

そういうときこそ、生成系ＡＩの大規模言語モデルを活用するメリットがあります。個人のＣＲＭ情報などの定性データをＡＩに読み込ませることで、多角的な視点から融資すべきかどうかの判断を行うことができます。

## 高度金融商品は「ターゲットを絞りすぎない」のがポイント

投資信託など高度金融商品の営業も、銀行のリテール・ビジネスにおける重要な施策の一つです。

特に2024年からは「新NISA（少額投資非課税制度）」の制度がスタートし、非課税保有限度額が旧・つみたてNISAの800万円から、「新NISA」ではつみたて枠・成長投資枠合わせて1800万円まで大幅に拡大します。そのため、これまで投資に興味を持っていなかった層、投資を敬遠してきた層の「貯蓄から投資へ」の流れが加速することが見込まれ、銀行においても大きなビジネスチャンスとなります。

高度金融商品の営業施策にAIを導入する際、投資傾向などの情報は機械学習のモデル構築に有効だといわれており、特徴量として「投資経験」や「金融商品残高」といったデータが採用されることが一般的です。ただ、こういった投資傾向を重視しすぎると、「投資を検討しているのに投資実績のない顧客」などを排除するシステムになってしまい、結果として投資経験のない有望顧客を抽出できなくなるおそれがあります。

したがって、住宅ローンの審査業務で解説したように、顧客カテゴリーごとに機械学習のモデルを開発することが、より有益なターゲティングＡＩ構築においては重要です。今後は20代など若い世代もＮＩＳＡなどの有力な顧客となる可能性が高まるので、年代ごとに異なるターゲティングを行うことで、幅広い顧客層をターゲティングすることができます。

また、投資信託などの高度金融商品は種類が豊富であり、顧客に対してどのような性質の商品を推薦するかも重要なポイントとなります。

「投資に興味のある顧客」と一概に言っても、リスクが低く安定的な分配を期待できるが、分配額の低い「ローリスク・ローリターン」を選好するか、リスクの高い銘柄を投資対象とし、高配当が見込める「ハイリスク・ハイリターン」を選好するか、顧客ごとに好みが分かれます。

そこで、金融商品の種類ごとにグループ化し、その金融商品ごとの機械学習モデルを開発することも、工夫の一つになりえます。その際、変数（特徴量）として顧客の投資選好（どういった金融商品に興味があるか）などの項目も事前に聞いておくのがよいでしょう。

機械学習のモデルで作成した投資信託推薦のターゲット・リストを、ヒアリング結果などのCRM情報によって、リストの順位を補正することも、施策として有効です。その際、リストの順位の入れ替えを行員が手作業で行うのではなく、顧客に紐づくCRMデータから、投資に興味がある文脈を読み取り、その文脈が読み取れる顧客に対しては、推薦度を30%上げる、といった設計手法が考えられます。

預金口座残高などの資産は少なくても、あるいは正社員でなくフリーターでも、親が資産家や上場企業の会社役員という人はいるものです。近々、マンションなどの不動産を相続する可能性の高い人もいます。そういった個人情報は、高度金融商品のターゲットを選定するうえでも大きなファクターとなりえます。

## ブログやSNSも審査の対象になる?

CRM情報をはじめとする定性データについて、さらに踏み込んだ話をすると、これからの銀行業務においては個人のブログやＳＮＳの投稿なども、定性データとしてターゲティングや審査の対象になりえます。

たとえば、ブログに「ＭＢＡ留学を目指して勉強を頑張っている」と読み取れる記述があれば、審査においてプラスに評価され、融資の判断がしやすくなります。ＳＮＳも同様で、投稿内容がプラスに評価される場合もあれば、たとえば豪華な食事をしている投稿が多い場合はマイナスに評価される場合もあります。

特に中国においては、アリババグループが提供する「芝麻信用（セサミクレジット）」を筆頭に、個人の信用度をスコアリングする「信用スコア」が普及しています。ＳＮＳなどの交友関係、ＥＣなどでのショッピング履歴、さらには公共料金の支払履歴や滞納状況などもスコアリングされ、融資審査などの判断材料になるなど、社会インフラといえるほど人々の生活に浸透しています。

日本においても、中国ほどではありませんが、こういった信用スコアの活用がテック企業を中心に試みられています。銀行業界では2016年にみずほ銀行がソフトバンクと共同で「J・Score（ジェイスコア）」をリリース。個人の信用力をAIが判定し、スコアリングするサービスでしたが、「LINE Credit株式会社」との事業統合に伴い2023年1月31日をもってサービスを終了しています。

ただ今後は、メガバンクにおいても小口融資を積極的に増やしていくことが経営課題の一つになっているので、引き続きSNSなどを通じた信用スコアの算出に取り組んでいくものと思われます。

## 窓口業務を担うのは「AIアバター」になる

近年の自然言語処理技術の発達によって、AIによる「アバター接客」の技術も大きく進歩しています。アバターが相手の会話の内容はもとより、声の調子や表情などの非言語的な情報を読み取りながら、あたかも人間と話しているように、インタラクティブでスムーズな会話技術が生まれています。

日本においても、早稲田大学では会話ＡＩエージェント搭載型の英会話能力判定システムを、２０２３年度から大学一年生の英語能力判定テストに導入しています。日本のスタートアップが開発した〝ＡＩ講師〟は、語彙力や文法、一貫性だけでなく、相手の表情や会話の「間」も読み取りながら、人間のようにインタラクティブな会話を行うことができます。

会話ＡＩを用いた「アバター接客」も、大手旅行会社や、スーパーなど小売業界で導入が進んでいます。このＡＩによる接客のメリットは、接客対応のやりとりを音声で保存し、それも定性データとして銀行内に蓄積される点にあります。この音声データもＡＩの自然言語処理によって、接客を受けた顧客の感情や態度などをＡＩが学習し、さらなる接客品質の向上に役立てることができます。今後、銀行の各支店の窓口にも導入されるのは時間の問題と思われます。

## 決済業務はあきらめよう

本章の最後に、リテール・ビジネスにおいて伝えておきたいことがあります。それは、AIの導入によって新規顧客を獲得することも大事ですが、同時に手放すべき領域もある、ということです。その最たるものが「決済業務」です。

第1章でもお話ししましたが、特に若い世代の「銀行離れ」によって、銀行の社会的ニーズは減ってきています。今まで銀行が担ってきた送金業務・決済業務もPayPayやLINE Pay、楽天Payといった新興決済サービスに奪われています。税金や社会保険料の支払いも最近ではコンビニ収納が普及しています。私たちが銀行に行かなければならない事情はどんどん減っているのが現実です。

本章で見てきたように、リテール・ビジネスのほとんどはAIによる省力化・高度化が可能です。窓口業務も高度な自然言語処理機能を持つAIアバターに置き換えることができます。今後、銀行の人員が「人余り」から大幅な人員削減のフェーズに移行する段階では、いずれ決済業務はあきらめ、社会的なニーズが高い領域に特化した形でリテール・ビジネスをダウンサイズする方向に舵を切らざるをえないタイミングが訪れるでしょう。

# 第5章

# 銀行ビジネスはこう変わる
## ――ホールセール編

顧客である企業の成長や企業価値向上を支援するため、最適なビジネス提案を行ったり、融資を行ったりすることは、銀行のホールセール・ビジネスにおける基本であり、ひいては銀行の社会的な使命そのものといえます。

そのホールセール・ビジネスにおいてＡＩを活用することで、単なる業務効率化だけでなく、人間の力だけではなしえない新たなビジネス機会の創出や販路の開拓、シナジーを最大化するビジネスマッチングが可能となります。そのことは同時に、銀行にとって新たな資金ニーズの開拓にもつながります。

本章では、銀行のホールセール・ビジネスにおいて、ビジネスマッチングや融資提案の高度化などを実現するＡＩ活用の具体的な手法を紹介します。

## ホールセール・ビジネスにおいてもカギを握る「定性データ」

前章で扱ったリテール・ビジネスが、個人の顧客の生活基盤を整えるサービスを中心としているのに対し、ホールセール・ビジネスの特徴は、顧客である企業の商業基盤を整えることがサービスの中心となります。そして、企業・法人を対象としていることから、リテール・ビジネスに比べて取り扱う金額が大きいことが特徴として挙げられます。

そのホールセール・ビジネスにおけるＡＩ活用のポイントは、リテール・ビジネスと同様、「定性データ」をもとに生成系ＡＩの大規模言語モデルを活用することです。

財務諸表や取引履歴などの定量データは、銀行内に大量に蓄積されており、これまでもデータ分析・評価の対象として用いてきました。それに加えて、これからは定性データの有効活用が、ホールセール・ビジネスのカギを握ります。

なぜ、ホールセール・ビジネスにおいても定性データを活用する必要があるのでしょうか？

【図表5–1】 ホールセール・ビジネスにおける主なデータの種類

| 定量データ |
| --- |
| • 取引履歴　• 財務諸表（P／L・B／S） |

| 定性データ |
| --- |
| ■ 企業固有の情報<br>• 中期経営計画　• 有価証券報告書　• 企業のホームページ<br>• プレスリリース　• オウンドメディアの記事<br>■ 業界・市場などに関する情報<br>• 各種ニュース　• アナリストレポート　など |

第1章でも触れましたが、銀行の預貸率は長期トレンドで低下しており、銀行にとっての収益機会が減っています。その中で、これまで対象としてこなかったスタートアップや中小企業なども融資先として開拓する必要に迫られています。

しかし、中小企業の多くは非上場企業であり、上場企業と比較して財政基盤が弱い可能性があります。特にスタートアップは財政基盤が脆弱であり、現時点の財務基盤より今後の成長性を評価して融資の判断を行う必要があります。

そのように審査すべき項目が増え、かつ複雑化している状況においては、定性データも取り込みながら多角的・複眼的にその企業の強みや成長可能性を評価する必要があるのです。そこで、定量データのみならず定性データをＡＩに学習させ、ＡＩを「優秀な銀行員」として育成していくことが、ポテンシャルの高い中小企業やスタートアップを発見するためのポイントとなります。

さらに、くわしくは後述しますが、顧客企業の販路を開拓したり、新たな協業パートナーとのビジネスマッチングを支援するうえでも、その企業の強みや課題などを正確に把握・評価する必要があります。定性データをＡＩに解析させることで、財務諸表には表れない企業の強みや課題などをより正確に把握し、最適なビジネスマッチングを支援することができます。

## 「ビジネスマッチング」にＡＩを導入する二つの意義

ホールセール・ビジネスにおいて、ＡＩの導入による高度化が期待される領域として、大きく次の5点が挙げられます。

①事業承継
②企業買収（M&A）
③商材マッチング
④目的別融資の提案
⑤目的別融資の予備審査

これらの5つの領域のうち、「⑤目的別融資の予備審査」を除く4点は、企業と企業とのニーズを満たし、課題を解消するための最適なビジネスパートナー（あるいは後継者）を発見し、結び付けるという点で概ね共通しています。そこで、本章では広く「ビジネスマッチング」と総称します。

そのビジネスマッチングにおいて銀行に求められるのが、個々の企業の課題や強み・弱み、成長可能性を正しく評価・把握する「目利き力」です。

数字上では成長しているように見える企業でも、経営者から丹念にヒアリングすると、少なからず改善すべき点があるものです。反対に、成長が鈍化していたり利益が出ていない企業においても、数字に表れない強みやポテンシャルがあり、何らかのリソース（資金・人材・設備など）を得ることでその課題を解決できる場合もあります。こういった改善点を見出し、解決策を提示することで、銀行にとってはより踏み込んだ支援が可能となり、顧客とのＷｉｎ－Ｗｉｎの関係を築くことができます。このビジネスマッチングこそ、銀行の存在意義が問われるといってもよいでしょう。

ただ、これまでのビジネスマッチングは、個々の銀行員の属人的な経験と勘に頼るところが大きく、ベテラン行員と新人行員で提案力に差が生じていました。

それ以上に、個々の行員が知りうる情報の範囲には限界があり、それがイコール、ビジネスマッチングにおける限界となっていました。どんなに経験が豊富で優秀な行員であっても、国内外のすべての企業の情報や市場の動向、経済情勢に精通しているわけではありません。そもそも銀行員は支店単位で業務を行っているため、たとえば札幌支店の銀行員が、那覇市内にある企業の情報を知るすべはほとんどないのです。

しかし、現実には札幌市の企業にとって最適なビジネスマッチングの相手が、実は那覇市内にあることも十分ありえます。

そこで、個々の銀行員が持つ企業情報をデータベース化し、生成系ＡＩに学習させることで、最適なマッチング先の企業を、しかも自動で見つけ出すことが有効な施策となります。いわば、行内のすべての企業情報に精通した「究極の銀行員」をＡＩで育成するのです。

まとめると、このビジネスマッチング領域にＡＩを活用する意義は、大きく二つあります。一つは、経験による差をなくし平準化することで、キャリアに関係なくすべての銀行員を戦力化させること。特に人員削減が進むであろう局面においては、この戦力の平準化は重要なテーマとなります。

そして、もう一つはマッチングの機会損失を限りなく減らし、より最適なマッチング機会を創出すること。マッチング機会の創出によって資金ニーズも開拓できるので、銀行にとっては収益機会の拡大、つまり「④目的別融資の提案」のチャンス拡大につながります。

## 非上場企業のリスクや成長可能性をAIで推測する手法

では、個別のビジネスマッチングのポイントを「①事業承継」から見ていきましょう。

日本においては株式会社の99％以上を占めるのが非上場企業で、その中心は地方のオーナー企業です。オーナー企業にとっては、オーナーである社長の権限が強く、その経営手腕が会社の強みや存立基盤そのものになっていることが多いため、「誰」を後継者にして事業を引き継ぐのかが重要な経営課題となります。

また、事業承継は単に「次の社長を誰にするか（経営承継）」という問題だけではなく、自社株を誰に引き継ぐか（所有承継）、また、経営を引き継ぐ人間をどう育てるか（後継者教育）といった課題もあわせて解決する必要があります。

「2021年版　中小企業白書」（中小企業庁）によると、企業の休廃業・解散件数はこの10年あまりで増加傾向にあります（図表5－2）。同時に、経営者の平均年齢も59・6歳（2009年）から62・5歳（2020年）と上昇傾向にあります（同）。

また、年代別に見た中小企業の経営者年齢の分布を見ると、2000年に経営者年齢のピークが「50歳～54歳」であったのに対して、2015年には経営者年齢のピークは「65歳～69歳」に移っており、ここでも経営者年齢の高齢化が進んできたことがわかります（図表5－3）。直近の2020年では、経営者年齢のピークが「60歳～64歳」、「65歳～69歳」、「70歳～74歳」に分散しており、これまでピークを形成していた団塊世代の経営者が事業承継や廃業などにより経営者を引退していることがうかがえます。

これらの統計から示唆されるのは、日本の企業の99％以上を占める中小企業においては経営者の高齢化が顕著となっており、事業承継が焦眉の課題となっていること、そして直近では事業承継が進んでいる傾向がみられる反面、後継者を見つけられずに廃業を余儀なくされる企業も多いという事実です。

【図表5-2】休廃業・解散件数と経営者平均年齢の推移

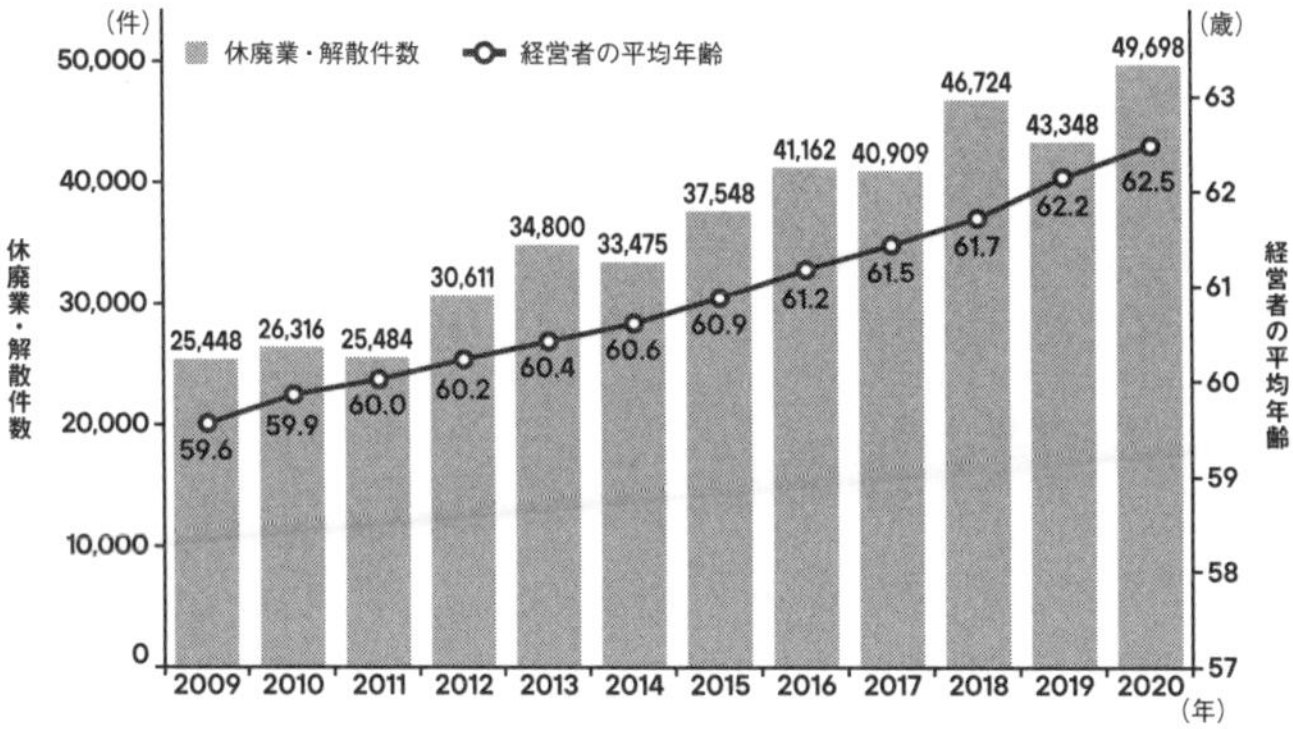


資料：(株)東京商工リサーチ「2020年「休廃業・解散企業」動向調査」、「全国社長の年齢調査（2019年12月31日時点）」
(注) 1. 経営者の平均年齢は2020年までを集計している。
2. 休廃業・解散件数については、2013年以降補足率が高くなる形で調査の精度が向上されている。

出典：「2021年版 中小企業白書」（中小企業庁）

【図表5-3】年代別に見た中小企業の経営者年齢の分布

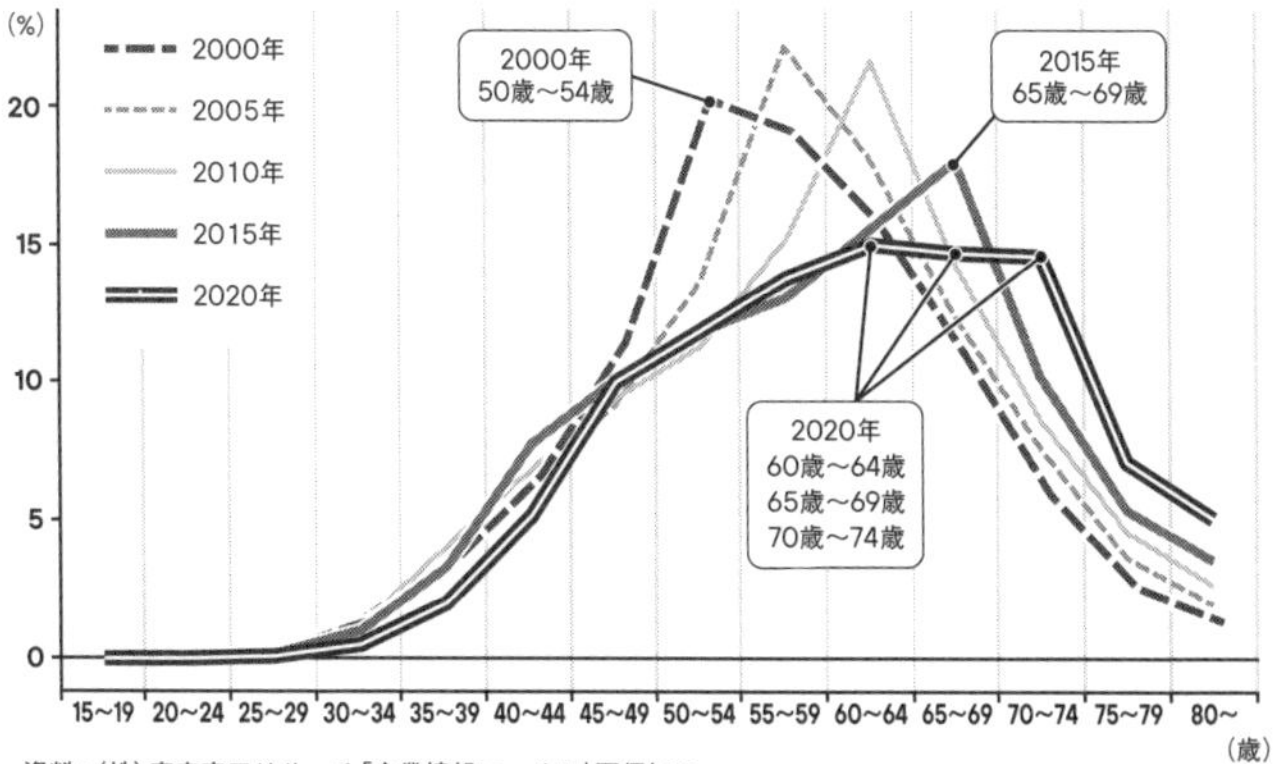


資料：(株)東京商工リサーチ「企業情報ファイル」再編加工
(注)「2020年」については、2020年９月時点のデータを集計している。

出典：「2021年版 中小企業白書」（中小企業庁）

一方で、事業承継が進んでいないということは、裏を返すと銀行にとって潜在的なビジネスチャンスでもあります。事業売却（M&A）も含めた幅広い選択肢から承継先を見つけられれば、その企業の持つリソースを活かすことができ、さらなる成長につなげられる可能性も出てきます。ここに、AIを活用したマッチングの高度化を図る余地があります。

しかし、中小企業の大半を占める非上場企業は、財務諸表や決算資料などのデータが公開されておらず、正確な評価が難しい特性があります。そこで、大規模言語モデルの自然言語処理を使い、その企業の将来性や外部に存在するリスクを推論する方法が有効となります。

具体的には、対象企業にとって、売上などに関連するキーワードをあらかじめ抽出しておきます。たとえば鉄を加工する製造業であれば「鉄価格」「円高」「人材不足」といったキーワードが挙げられます。

そして、それらのキーワードが含まれるニュースやアナリストレポートを抜き出し、そのニュースがポジティブな内容か、ネガティブな内容かを自然言語処理で分析しま

【図表5-4】自然言語処理AIを活用して非上場企業のリスクや成長可能性を推測する手法

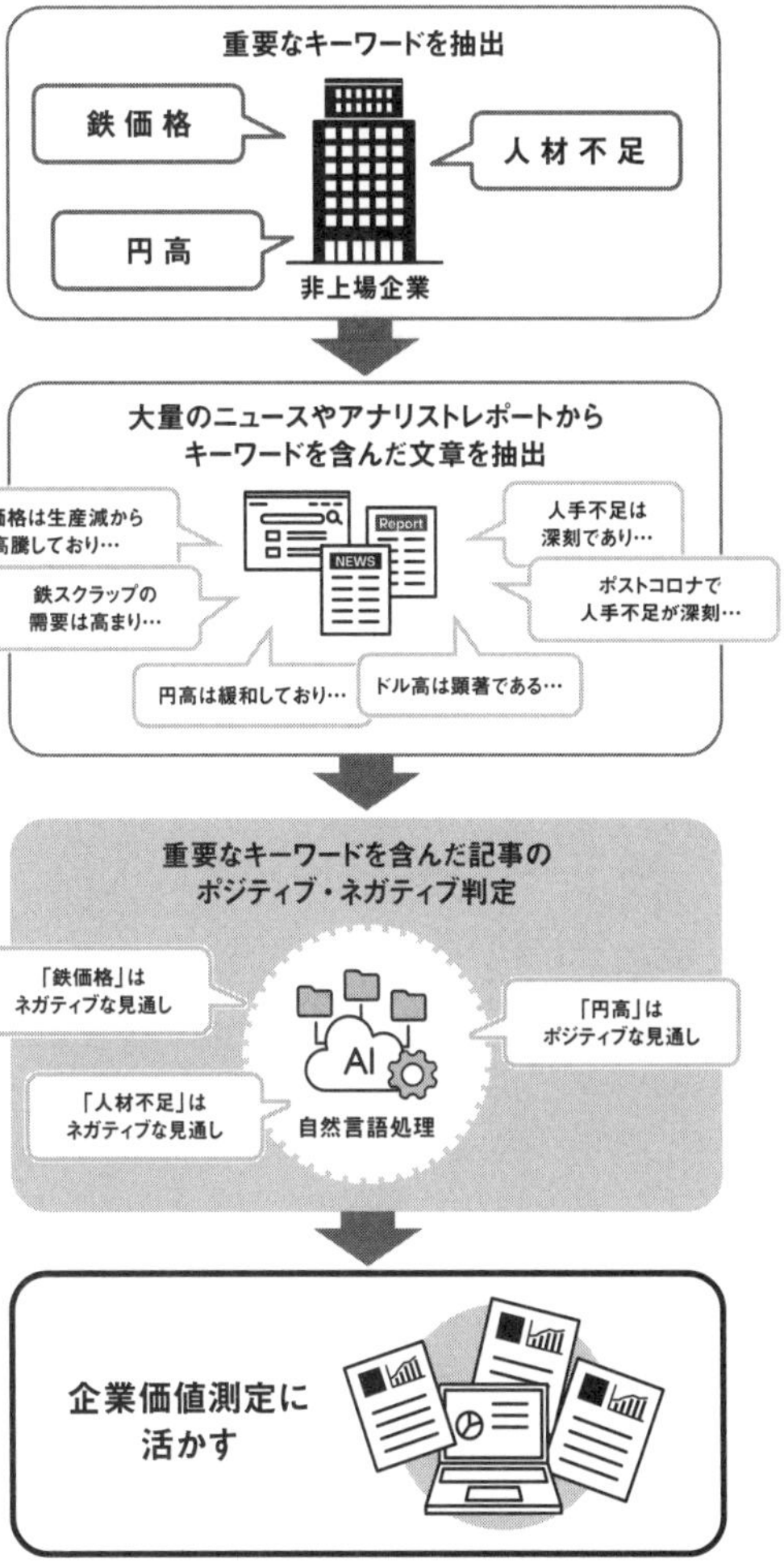

す。結果、ポジティブな内容とネガティブな内容のどちらが多いかを計算することで、その企業のリスクや企業価値、成長可能性を推論することができます（図表5－4）。

## AIを活用した「企業買収（M&A）」提案の高度化

次に、「②企業買収（M&A）」におけるポイントを見ていきましょう。

企業買収（M&A）とは、買収対象会社の経営権を獲得する目的で、買収対象会社が発行した全株式の過半数以上を買い取ることです。買収された会社は、買収した会社の子会社やグループ会社になります。また、発行済み株式の過半数以下の場合でも、一定の要件を満たせば子会社となることがあります。

金融業界になじみのない読者の方の中には、「M&A」と聞くとドラマや小説に登場する大企業同士のM&Aやファンドによる企業買収をイメージする方も多いと思います。が、実際には非上場の中小企業も含めて、M&Aは顧客間の課題を解決するソリューションとして広く用いられています。先に紹介した事業承継においても、後継者となる企業に事業ごと売却するM&Aのケースは増えています。

M&Aの最大のメリットは、買収企業（バイ・サイド）と被買収企業（セル・サイド）双方の時間的制約を解消できる点にあります。設備や人材、さらに目に見えないノウハウなどのリソースは、長い年月とコストをかけて築き上げるものです。買収企業にとっては時間や労力を要さずに被買収企業のリソースを獲得することができます。一方の被買収企業にとっても、時間の制約を受けずに自身の強みを投資リソースとして最大限に評価してもらい、買ってもらうことができます。

買収企業は、自社のビジネスとのシナジーを期待して企業買収を画策するのですが、実は買収企業にとっては自社のニーズを必ずしも完全に把握していないケースがあります。それは、被買収企業にとっても同様です。

そこで、銀行側で双方の企業にヒアリングし、抱えているニーズや強みを正確に把握することで、より踏み込んだＭ＆Ａの提案が可能になります。

買収企業が被買収企業を評価する際、もちろん財務データは大事なのですが、実は赤字か黒字かはあまり関係なく、より重視するのは「何ができるか」です。製造業であればすぐれた技術を持つ熟練工がいるか、工場設備があるか、といった点が評価の主要ポイントとなります。

さらに、中小のオーナー企業などの場合は、そのオーナー経営者の影響力や、株主の構成、後継者の有無なども評価の対象となります。こういった情報は当然ながら財務諸表には表れない定性データであり、この企業ごとにいかにヒアリングをしてこれらの定性データ（ＣＲＭ情報）を集められるかが、Ｍ＆Ａの成否を決めるといってもよいでしょう。

そのＡＩ開発の手法としては、先に紹介した事業承継とほぼ同様です。買収企業と被買収企業のＣＲＭ情報や顧客訪問時のヒアリングシートを集め、そこから企業にとって重要なキーワードを抽出し、そのキーワードを含んだ文章や、強み・弱みのマッ

【図表5-5】 自然言語処理AIを活用した企業買収(M&A)提案の高度化

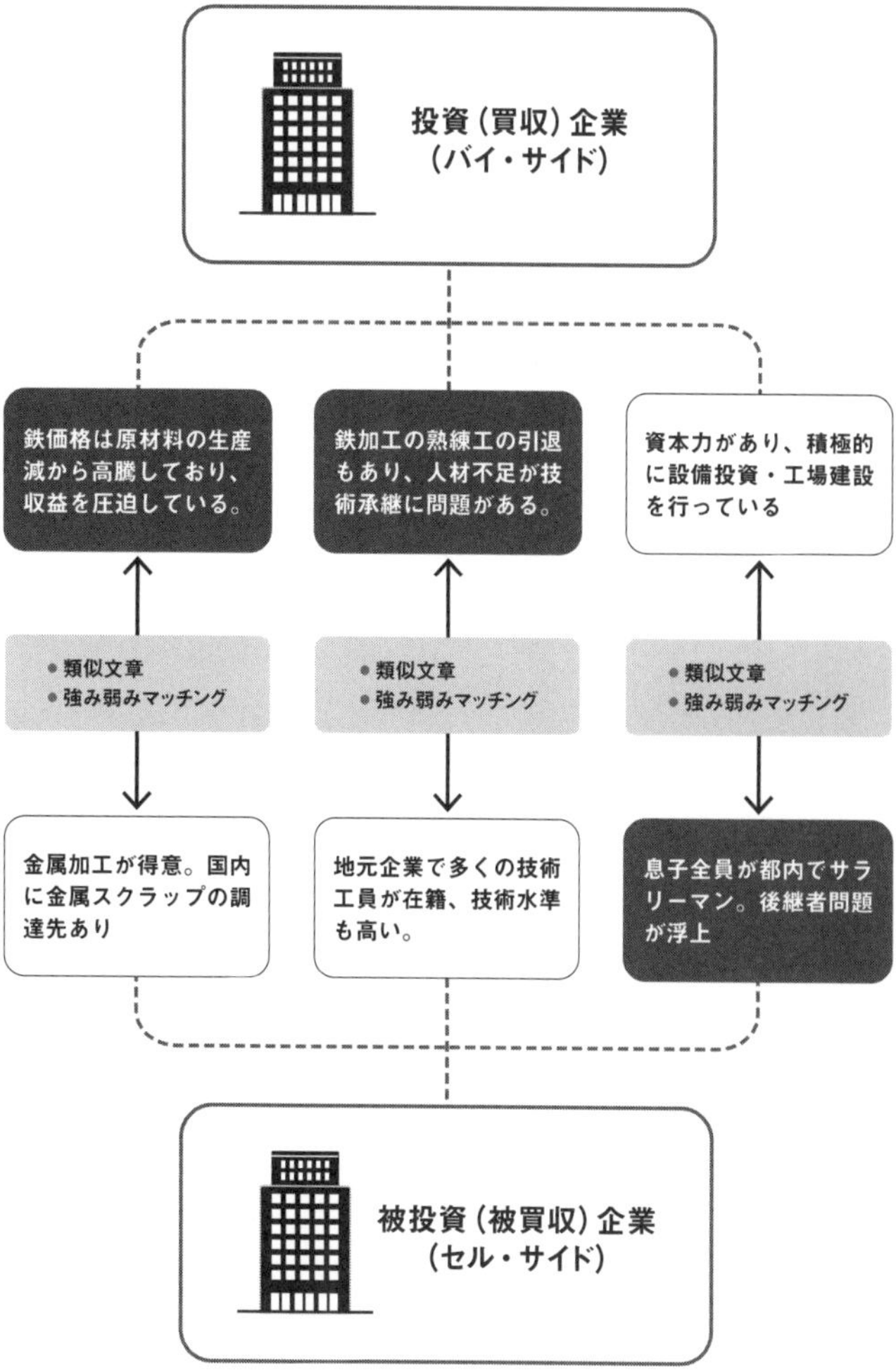
投資(買収)企業
(バイ・サイド)
鉄価格は原材料の生産減から高騰しており、収益を圧迫している。
鉄加工の熟練工の引退もあり、人材不足が技術承継に問題がある。
資本力があり、積極的に設備投資・工場建設を行っている
●類似文章
●強み弱みマッチング
●類似文章
●強み弱みマッチング
●類似文章
●強み弱みマッチング
金属加工が得意。国内に金属スクラップの調達先あり
地元企業で多くの技術工員が在籍、技術水準も高い。
息子全員が都内でサラリーマン。後継者問題が浮上
被投資(被買収)企業
(セル・サイド)

チングをAIが推論します。

このように、各企業からヒアリングしたCRM情報から、その企業にとって重要なキーワードを含む文章を自然言語処理技術で抽出することで、投資意欲のある買収企業と、買収先を探している被買収企業のマッチングを実現することができます。言うまでもなく、このCRM情報が豊富にあればあるほど、マッチングの可能性は広がり、双方にとってWin-WinのM&Aをアシストすることができます（図表5－5）。

## AIを活用した「商材マッチング」提案の高度化

続いて「③商材マッチング」におけるAI活用の手法を紹介します。

ビジネスにおける「仕事を依頼したい企業」と「仕事を受注したい企業」の間を取り持ち、双方でWin-Winの関係を構築するのが商材マッチングです。また、近年では企業同士の強みを組み合わせ、弱みを補完し合うことで、新たな商品やサービスの開発に取り組む協業・パートナーシップも盛んに行われています。

M&Aと商材マッチングは、企業と企業のマッチングという点で共通していますが、唯一異なるのは、商材マッチングの場合は、M&Aと異なり企業側の「買いたい」「売りたい」との意思が明確に表明されていないということです。つまり、銀行の側からマッチング機会を見つけ、提供してあげる必要があります。

特に、大企業のOEMなど受注生産に依存する中小企業などの場合は、ゼロからイチの事業を創出することや営業活動に慣れておらず、新たな事業機会を見つけるのが苦手な企業も少なくありません。M&Aと比べてニーズが顕在化しにくいので、銀行側がその企業の強みや課題を把握したうえで、今まで気づかなかったビジネス機会を創出したり、協業による新規ビジネスをサポートする意義があります。

たとえば、東京・墨田区に、ネジの製造を主業とする町工場のA社があります。小さなものから大きなものまで、丈夫で精巧なネジを作る技術を持っているのですが、大手企業の下請けが売上の大半を占め、いつ海外のメーカーに仕入れ先を奪われるかわからないリスクを抱えています。かといって、自社では販路を開拓する知見も営業のリソースもありません。しかし、墨田区を担当する銀行員にとっても、A社のネジを欲している新たな仕入れ先を調べるには限界があります。

そこで、その銀行員が、A社の新たな顧客となりうる企業をビジネスマッチングのAIで探します。その結果、まったく思いもよらぬ地域から良質なネジを欲している企業が見つかる可能性は大いにあるのです。

この商材マッチングでは、「②企業買収（M&A）」と同様、自然言語処理によるAIの手法を応用することができます。自然言語処理による類似文章と因果関係を判定する手法を、商材購入を潜在的に希望する企業（バイ・サイド）と、商材を販売する企業（セル・サイド）で商材間の因果関係（製品とその部品や製品とその材料、製品とその加工技術）を発見する仕組みに修正します（図表5－6）。

【図表5-6】自然言語処理AIを活用した商材マッチング提案の高度化

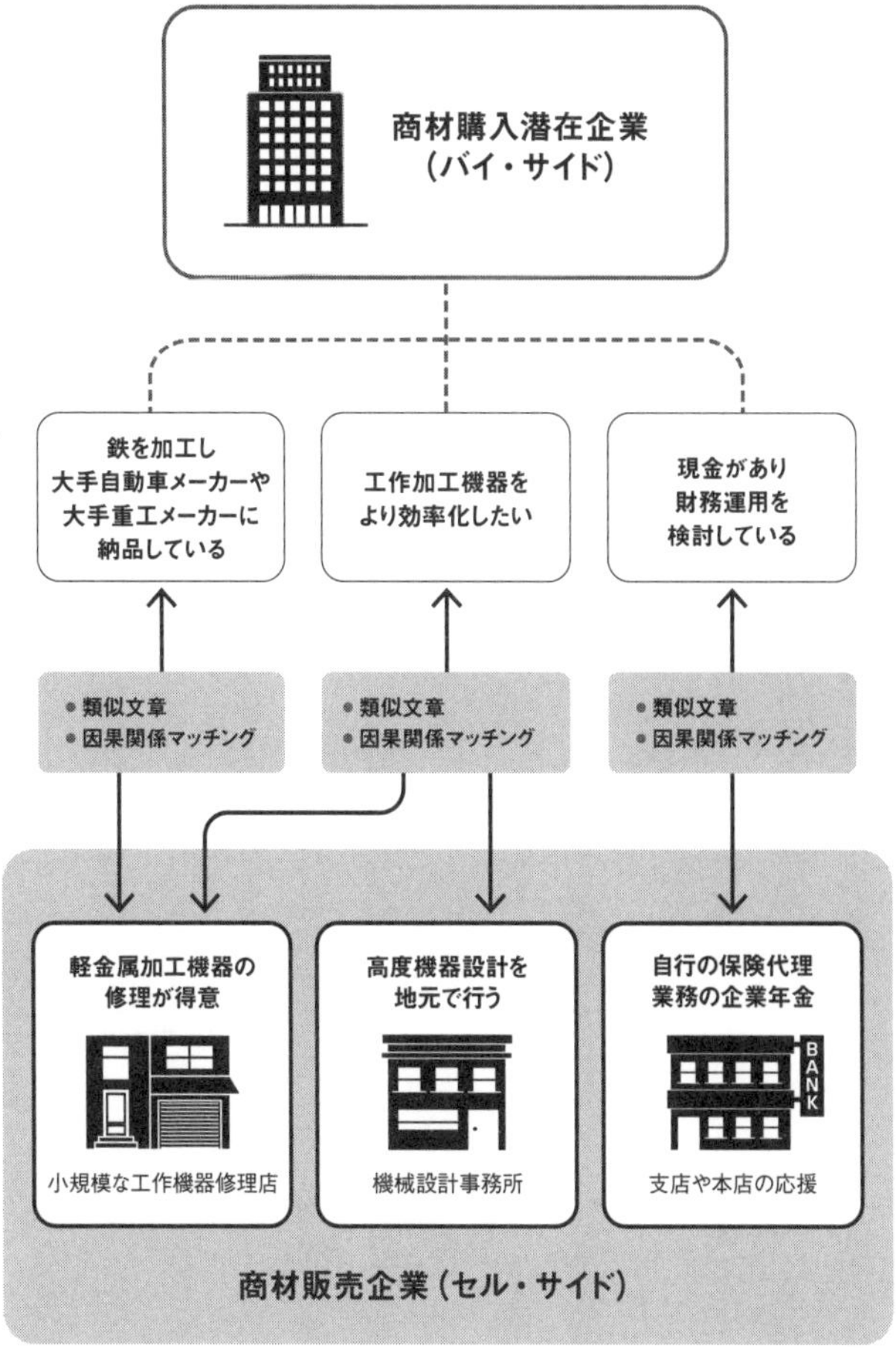
商材購入潜在企業
（バイ・サイド）
鉄を加工し
大手自動車メーカーや
大手重工メーカーに
納品している
工作加工機器を
より効率化したい
現金があり
財務運用を
検討している
● 類似文章
● 因果関係マッチング
● 類似文章
● 因果関係マッチング
● 類似文章
● 因果関係マッチング
軽金属加工機器の
修理が得意
小規模な工作機器修理店
高度機器設計を
地元で行う
機械設計事務所
自行の保険代理
業務の企業年金
BANK
支店や本店の応援
商材販売企業（セル・サイド）

## 融資提案の高度化で企業の資金ニーズを開拓する

次に「④目的別融資の提案」におけるポイントを紹介します。

第1章でも触れたとおり、預貸率が低下する状況下で、銀行にとっては顧客企業が気づいていない資金ニーズを掘り起こし、より成長につなげるための投資意欲を喚起することが課題となっています。

この企業の資金ニーズ開拓のAIモデルも、ここまで紹介してきたビジネスマッチングのAIモデルと、基本的な考え方は同じです。

顧客企業の強みを文書やキーワードで抜き出し、その文章やキーワード（類似語を含む）を含んだニュースやアナリストレポートを自然言語処理技術で読み取り、顧客企業の強みに関連したニュースやレポートの中にどのくらいの割合でポジティブな（あるいはネガティブな）ニュースが含まれているかを解析します。そのことで、顧客企業

【図表5–7】顧客企業に対する目的別融資提案のAIによる高度化

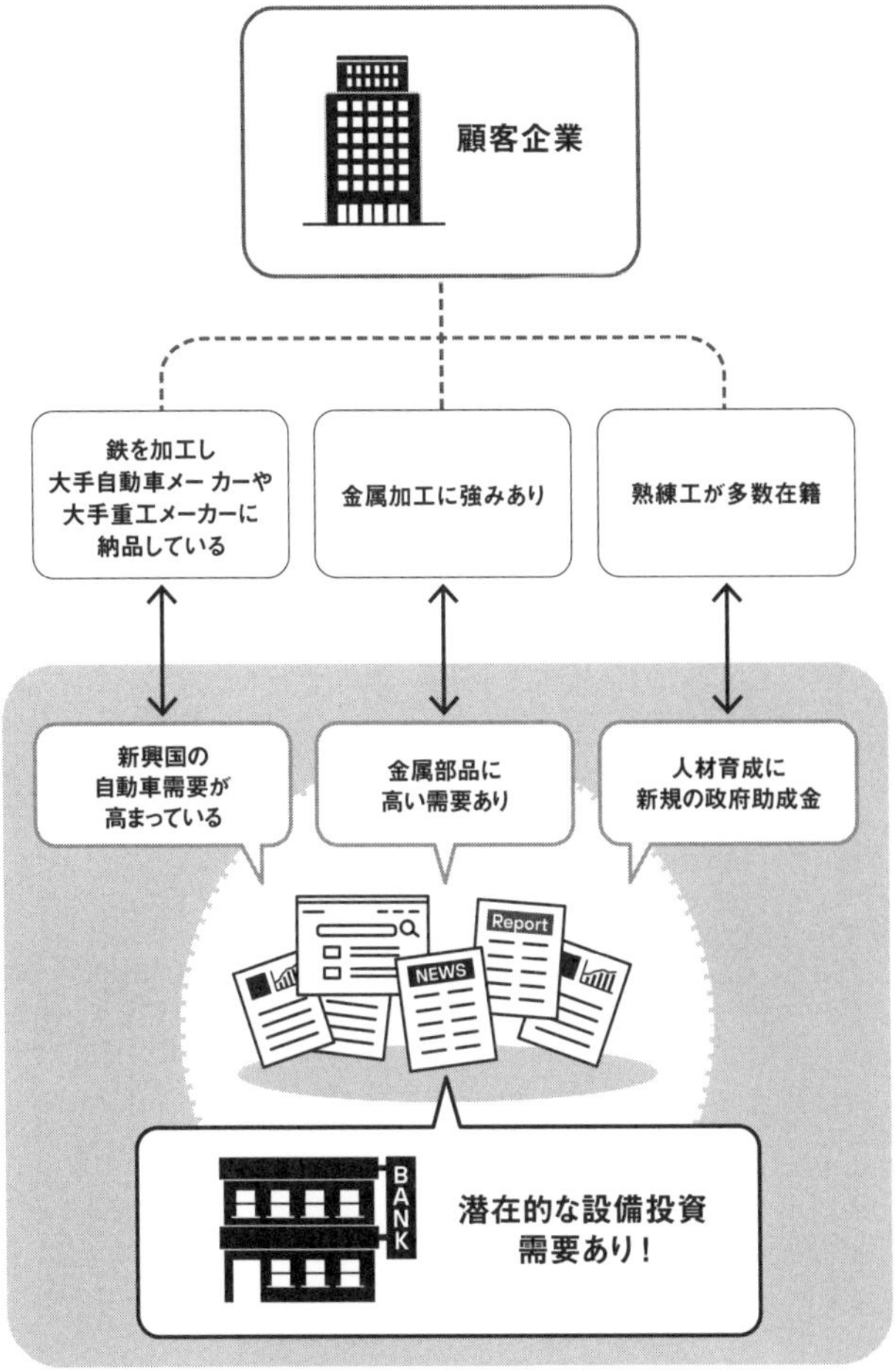

の潜在的な資金ニーズを顕在化することができます。
顧客の強みに関連するニュースやレポートが多ければ、その顧客のビジネス機会が多い時流になっていることが推定でき、強みを成長させる設備投資などの提案を後押しすることができます（図表5－7）。

なお、先に紹介した「②企業買収（M&A）」や「③商材マッチング」も、顧客企業が気づいていない投資先を発見・開拓し、投資意欲を喚起するアプローチの一つといえます。これらのビジネスマッチングを高度化するということは、言い換えると、融資を受けたい顧客企業と、融資先を探している銀行との「マッチング」の機会を広げることでもあるのです。

## ベテラン行員のナレッジをいかに共有できるか

ここまで、「①事業承継」「②企業買収（M&A）」「③商材マッチング」「④目的別融資の提案」と、ビジネスマッチングにおけるＡＩ活用手法について述べてきました。

企業の経営者との信頼関係を構築しながら同等に会話ができ、課題や悩みを引き出せる行員は、拠点内にそういるものではなく、ベテラン行員に限られているのが現状です。こういったベテラン行員しかＭ＆Ａなどの大きなビジネスに関われないという人的リソース上の制約を銀行は抱えており、それがビジネスマッチングの機会損失の要因にもなっています。

財務諸表に表れない人材や技術、設備などの強みを持つ企業が、後継者や買収先が見つからないばかりに消えてしまうのは、日本経済そのものにとっても大きな損失となります。それを防ぐためにも、ＡＩを導入することで、ベテラン行員でも新人行員でもナレッジを平準化し、事業承継やＭ＆Ａなどのビジネスマッチングの機会を確実にとらえることが、銀行が生き残るうえでも重要な戦略となります。

各銀行員が企業にヒアリングして得たＣＲＭ情報をいかに収集し、一つのデータベースに蓄積し、銀行内でナレッジとして共有できるかが、ビジネスマッチングにおけるＡＩ活用の最大の課題といってもよいでしょう。そのためのヒアリングシートの設計や、ベテラン行員のヒアリング技術・ノウハウの継承なども、短期的には取り組むべき課題となります。

一方で、ベテラン行員にとっては彼らが保有する情報や、情報収集のナレッジが、銀行員としての価値の源泉でもあります。つまり、彼らにとってはそのノウハウを簡単に共有したくない、という事情があります。

そこで、ベテラン行員が保有する情報やナレッジを、行内で共有し、「資産」にするためのインセンティブの設計も、これからの銀行における経営課題となるでしょう。

## 厳格化する目的別融資審査もＡＩで効率化

最後に、「⑤目的別融資の予備審査」におけるＡＩ導入のポイントに移ります。

近年においては、株式会社スマートデイズが建設していたシェアハウスのサブリース事業が破綻し、不動産オーナーへの賃料の未払い問題がクローズアップされた「かぼちゃの馬車事件」（２０１８年）や、株式会社レオパレス21が建築基準法の基準を満たさない施工不良物件の建築を多数行っていたことが発覚し、当該物件の入居者に転居を求めざるをえなくなった「レオパレス21事件」（２０１９年）など、不動産投資にまつわる大きな社会問題が続けて発生しています。これらの問題に伴い、銀行に対しても「ずさんな融資を行った」との非難の目が向けられ、金融庁も各銀行に厳正な審査を要請するなど、与信審査が厳しくなっている背景があります。

一方で、最終的な融資の意思決定は人である銀行員が行うとしても、その前段の予備審査においては、審査項目はある程度マニュアルで決められており、ここにはＡＩの導入によって効率化・省人化を図ることが可能です。

融資を希望する企業に対しては、通常、各支店の窓口で、対面でビジネスプランなどをヒアリングします。この内容を録音し、ＡＩの自然言語処理にかけて矛盾がないかどうか、整合性が取れているかを推論することができます。

あわせて映像も撮影すれば、その映像を画像認証ＡＩで解析することで、その経営者の表情からどの程度ビジネスに自信があるのか、嘘をついてないか、といった非言語処理も行うことができます。こういった非言語の情報の読み取りはベテラン行員でなければできないことでしたが、今のＡＩの技術水準でも十分に可能となっています。

また、融資する際の与信枠（いくらまで貸せるか）の判断は、財務データから資産の状況を把握し、担保額の設定などを行うのですが、ここは財務データなど定量データをもとに、従来のＡＩの機械学習で十分に対応できます。

つまり、①融資の適否を判定する予備審査は生成系ＡＩの大規模言語モデルで高度化し、②その後の具体的な融資額は従来の機械学習で判断する、という二段構えの活用方法が有効です。

## 「ナレッジグラフ」で送金データからビジネスチャンスを発見する

前章では、リテール・ビジネスにおいて「ナレッジグラフ」を活用することで、送金・着金データから預金口座獲得チャンスを可視化する方法を紹介しました。このナレッジグラフは、ホールセール・ビジネスにおいても同様に活用できます。

つまり、自行から他行に送金している企業、あるいは他行から自行に振り込んでいる企業を、送金・着金データから分析します。そこから送金・着金の多い企業が特定できれば、自行にメインバンクを移す提案を行うチャンスが生まれます。

ただ、メインバンクを移行するのは企業にとって、物理的にも心理的にもハードルが高いものです。そこで、その企業の強み・弱みを、これまで説明してきたAIの手法で分析し、さらにビジネスマッチングまでをパッケージで提案することが有効と考えられます。つまり、ナレッジグラフのデータを足掛かりにして、高度なビジネス提

【図表5-8】ナレッジグラフを活用した送金先・着金先企業の特定

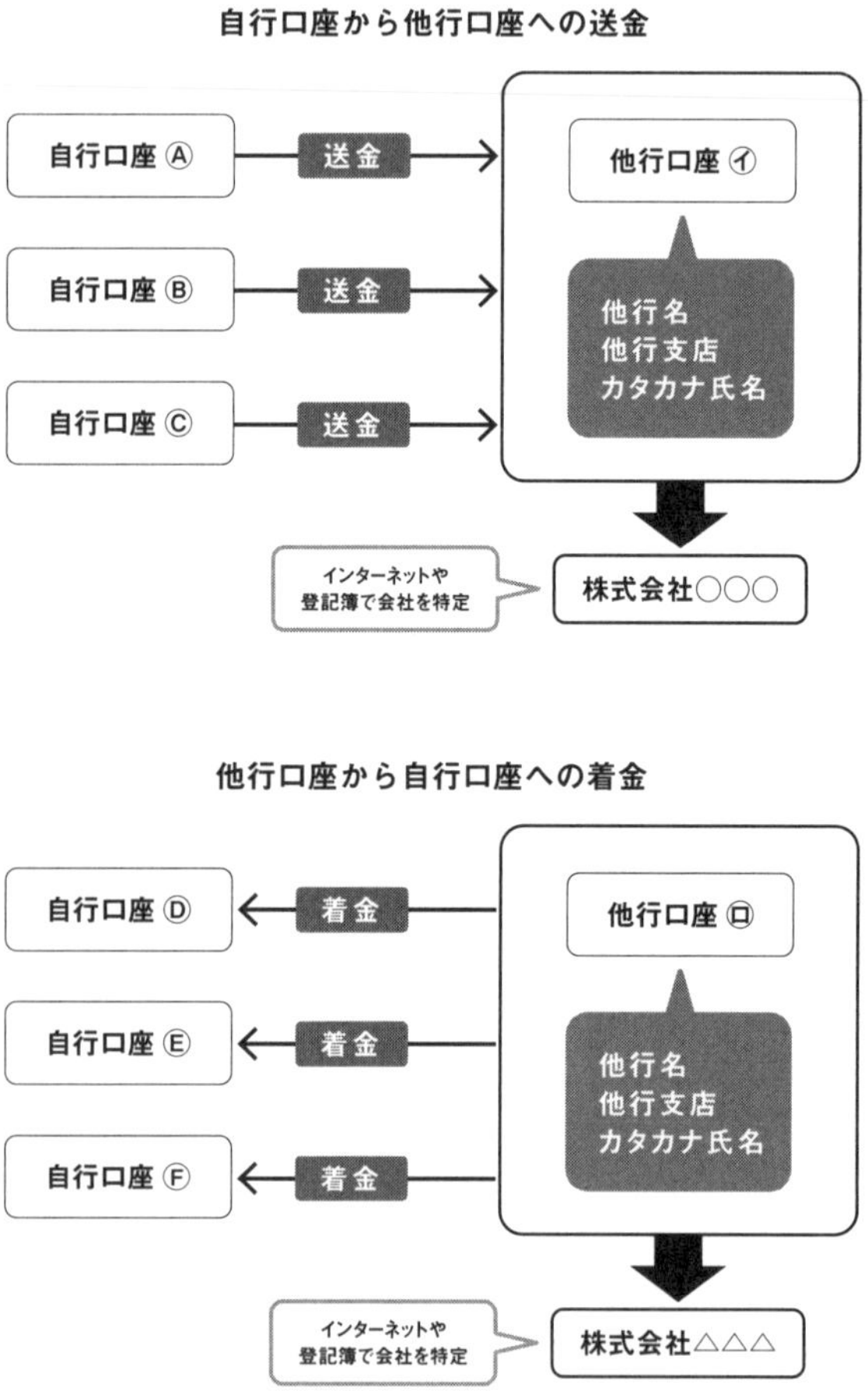

案を実施することで新規顧客の獲得につなげるのです。

ナレッジグラフで企業の特定さえできれば、そこから先は生成系ＡＩによって自動でビジネスマッチングや融資の提案を作成し、アポイントまで自動化することができます（図表５－８）。

## 「ＡＩ銀行員」がヒアリングから提案書まで作成する未来

本章では、企業のビジネスマッチングを高度化・最適化するためにＣＲＭデータがカギを握る、と再三述べてきました。

生成系ＡＩの自然言語処理技術が大きく発達している今日では、そのＣＲＭデータの作成そのものも、生成系ＡＩに代行させることが可能です。

手順としては、まず銀行員が企業に訪問し、経営者にインタビューを行います。その音声データを持ち帰り、生成系ＡＩにインプットすれば、自動でインタビュー内容を要約し、ＣＲＭデータのフォーマットに変換してくれます。銀行員としてはインタビューだけ行えば済むので、作業効率は圧倒的に楽になります。

技術がもっと発展すると、インタビューそのものも生成系ＡＩに任せることができ、人間が行う必要すらなくなります。大規模言語モデルを搭載したＡＩは、「最近、どういう投資を考えていますか？」「どういったビジネスプランを検討されていますか？」といった基本的なインタビューはもちろん、回答をその場でバックグラウンド検索して、「いまおっしゃったのは、こういうことでしょうか？」などと、インタラクティブに返事を返すこともできます。ちょっとした表情や、会話の「間」といった非言語の情報も読み取り、会話を自動で最適化することができます。

企業にとっても、ビジネス機会を探していない企業はないわけですから、インタビューに協力する動機があります。「この質問に回答してくれたら金利がアップします（または貸出金利を下げます）」といった簡単なインセンティブを設計すれば、より多くの回答を引き出すことができるでしょう。

当面は、今在籍しているベテラン銀行員のナレッジをなるべく自行内で蓄積することに時間を費やし、定性データを貯めることが経営課題となります。並行してそれらのデータをＡＩに学習させ、ホールセール・ビジネスに特化した「ＡＩ銀行員」を育成し、その後は、その「ＡＩ銀行員」にヒアリング業務からＣＲＭの作成、ビジネスマッチングの実現までを担ってもらう――これが、ホールセール・ビジネスにおけるＡＩ導入のロードマップです。

このロードマップに沿って「ＡＩ銀行員」による業務効率化と高度化を推進していけば、最終的に銀行員の９割は削減できるでしょう。その「銀行の未来」については、章を改めて７章で展望します。

# 第6章

# 高度化・複雑化する金融犯罪をAIで防ぐ

銀行のリテール・ビジネスにおいても、ホールセール・ビジネスにおいても、多くの商取引が活発に行われる一方で、悪意を持った犯罪性のある取引や、犯罪を疑われるような不審な取引は増加の一途をたどっています。特に高度化・複雑化するマネーロンダリングへの対応は、各銀行にとって大きな経営課題の一つとなっています。

こういった疑わしい取引をいち早く検知し、金融犯罪を未然に防ぐ仕組みを構築することは、利用顧客からの評価も高め、ひいては銀行の企業価値をも高めることにつながります。

本章ではその金融犯罪対策をテーマに、AIを活用して疑わしい取引を迅速に、高い精度で発見するための業務モデルを紹介します。

## 20億ドル超の支払いを命じられた「史上最大級のマネロンスキャンダル」

2022年12月13日、デンマーク最大の金融機関・ダンスケ銀行が巨額のマネーロンダリング（資金洗浄）に関与していた事実を認め、アメリカ・デンマークの司法当局と総額約20・6億ドルの支払いに合意したと発表しました。

この事件が明るみになったのは2018年。同行が2008年から16年にわたって、エストニアの支店（現在は閉鎖）を通じ、計約2000億ユーロもの資金のマネーロンダリングに関与していた可能性を認める報告書を公表しました。この間、ロシアなどにいるリスクの高い顧客らにマネーロンダリングを事実上持ちかけ、米金融システムに不正にアクセスできるようにした疑いで、各地の当局が長く捜査を続けてきました。そして、米連邦政府と同行が刑事措置の正式合意に至り、長年の捜査に終止符が打たれました。

ダンスケ銀行は罰金その他として、米司法省に12億ドル、米証券取引委員会（SEC）に1億7860万ドル、デンマーク特別犯罪課に47億4900万デンマーク・クローネを支払うこととなり、さらに本件と並行して、SECに対し民事賠償金や遺棄金など4億1300万ドルを別途支払うことで合意したとされています。これらの総額は実に20・6億ドルに上ります。

「私たちは過去の容認できない失敗と不正行為について、無条件に謝罪し、その全責任を取る。今日のダンスケ銀行にはこのような不正はない。私たちは過ちから学んだ。そして、このような失敗が再度起きるのを防ぐため、考えうるすべての強固な対策を導入するよう必要な措置を講じた」

アメリカ・デンマークの司法当局との合意を受け、ダンスケ銀行の当時の取締役会長はこのようにコメントしていますが、この「史上最大級のマネロンスキャンダル」ともいわれた事件に関与したことの代償はあまりに大きかったといえるでしょう。

## 国際的には「不合格」？　国内銀行のマネーロンダリング対策

第1章でも触れたように、このダンスケ銀行の事件に限らず、犯罪者やテロリストなどにつながる資金を断つことは、日本を含む国際社会が取り組むべき重要課題となっており、金融機関におけるマネーロンダリングなどへの対策の重要性はこれまでになく高まっています。

マネーロンダリング防止やテロ資金供与対策の国際的協調を推進する政府間会合である「金融活動作業部会（Financial Action Task Force：ＦＡＴＦ）」は、２０２１年8月に第4次対日相互審査の結果を公表しました。

日本のマネーロンダリング対策は一定の成果を挙げていると評価を得たものの、日本の対策をさらに向上させるため金融機関に対する監督・検査などに優先的に取り組むことが必要とされ、「重点フォローアップ国」と判定されました（図表6－1）。これは実質的に「不合格」を意味しており、日本の金融機関は、金融庁からマネーロンダリング防止やテロ資金供与対策などのいっそうの強化を求められています。それが、銀行業務を複雑化させる一因となっています。

【図表6-1】 金融活動作業部会（FATF）」の第4次審査の結果
（2021年8月現在）

| 判定結果 | 加盟国 | |
|---|---|---|
| 通常フォローアップ国 | • スペイン<br>• イタリア<br>• ポルトガル<br>• イスラエル | • 英国<br>• ギリシャ<br>• 香港<br>• ロシア |
| 重点フォローアップ国 | • ノルウェー<br>• オーストラリア<br>• ベルギー<br>• マレーシア<br>• オーストリア<br>• カナダ<br>• シンガポール<br>• スイス<br>• 米国<br>• スウェーデン | • デンマーク<br>• アイルランド<br>• メキシコ<br>• サウジアラビア<br>• 中国<br>• フィンランド<br>• 韓国<br>• ニュージーランド<br>• **日本** |
| 観察対象国 | • アイスランド<br>• トルコ<br>• 南アフリカ | |

※審査予定国：フランス、ドイツ、オランダ、ルクセンブルク、インド、ブラジル、アルゼンチン

出典：財務省国際局「FATF第4次対日審査結果と外為法における対応」

## 「疑わしい取引」とは何か

犯罪収益移転防止法では、金融機関やカード会社などの特定事業者に対し、業務遂行の過程において、収受した財産が犯罪収益ではないか、また、顧客が犯罪収益を隠匿しようとしているのではないかといった「疑い」をもった場合に、すみやかに行政庁に届け出ることを義務付けています。

この、法的な要件や規制に違反し、不正行為や犯罪活動に関与している可能性のある取引（以下、「疑わしい取引」）には、一般的に次のようなケースがあります。

**①大量の現金取引**……短期間に大量の現金を入金または引き出す取引は、疑わしい取引とみなされることがあります。特に、顧客が通常の取引パターンと異なる大きな金額の現金を処理する場合には要注意です。

**②不審な国際送金**……国際送金において、特定の制裁対象国や疑わしい個人や企業と

【図表6-2】 疑わしい取引の届出受理状況及びマネーロンダリング事犯の検挙数(国内)

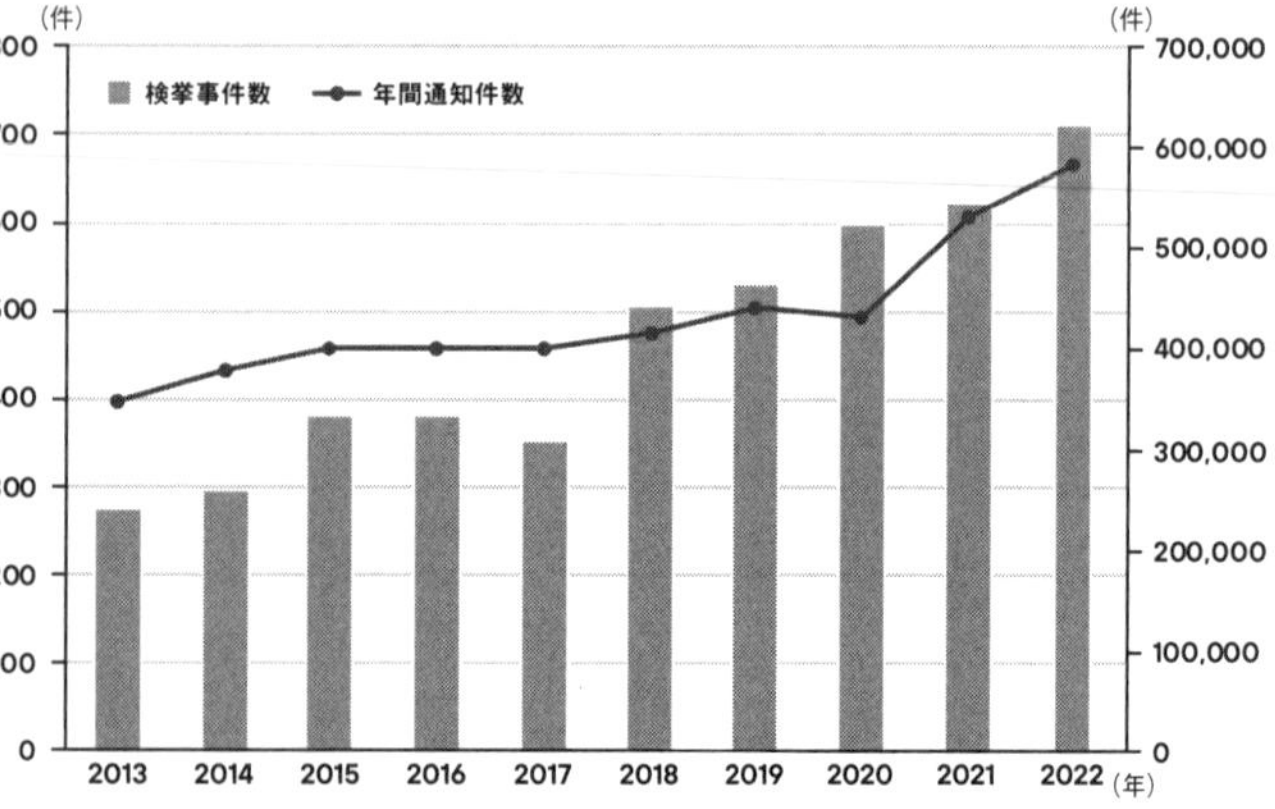


出典:「犯罪収益移転防止に関する年次報告書(令和4年)」(警察庁)

の取引が行われる場合、疑わしい取引とみなされることがあります。また、送金が意図的に分割されたり、関係者の身元が不明瞭な場合も異常とみなされることがあります。

**③頻繁な大口取引**……大口の取引が頻繁に行われる場合、特に通常の顧客パターンとは異なる場合には注意が必要です。これには、資金洗浄や不正な投資活動などが含まれる可能性があります。

**④顧客の身元確認に関する問題**……金融機関には、顧客の身元を確認する

ことが求められています。顧客が虚偽の情報を提供したり、身元確認の手続きを回避しようとする場合、疑わしい取引とみなされることがあります。

⑤取引の目的が不明瞭……取引の目的が明確でない場合、特に顧客が不審な要求や目的を持つ場合、疑わしい取引とみなされることがあります。たとえば、意図的に資金を隠匿するために複数の口座を使用するなどの行為が含まれます。

警察庁の「犯罪収益移転防止に関する年次報告書（令和4年）」によると、2022年中に銀行などの特定事業者から所管行政庁に届け出られた疑わしい取引の件数は58万件超、マネー・ローンダリング事犯の検挙件数は709件と、いずれも過去最多を更新しました。検挙件数にいたっては2010年（205件）の実に約3・5倍に増えています（図表6－2）。

## 日本の銀行が標的にされた金融犯罪

これらの疑わしい取引が発端となって生じる、マネーロンダリングをはじめとする金融犯罪事件は、日本でもたびたび起きています。

### ①地方銀行・信用金庫が標的とされたマネーロンダリング事件

２０１７年４月、大阪府警などの合同捜査本部がナイジェリア人と日本人の合計14人を組織犯罪処罰法違反の疑いで逮捕しました。

海外の詐欺グループが約16億円の犯罪収益を日本の地方銀行や信用金庫の計96口座に分散送金し、日本人の協力者がそれらの口座から現金を引き出してナイジェリア人に渡し、さらにその資金が海外へと送金されていたというマネーロンダリングの手口です。日本人の協力者は、引き出した金額の４％程度を手数料として受領していました。

２０１７年当時、本格的なマネーロンダリング防止の態勢整備が遅れていた地域金融機関が存在したのは確かです。詐欺グループはそのほころびにつけ入り、日本人の協力者に地域金融機関での口座の開設や現金の引出しを依頼したとみられます。

## ②本人確認の認証システムの不備を突かれた金融犯罪

２０２０年9月、ＮＴＴドコモが提供する送金・決済サービス「ドコモ口座」と連携していた地方銀行やゆうちょ銀行、イオン銀行の多数の個人口座から、無断で預金が移され、買い物に使われていたことが判明しました。ドコモ口座を利用したことがない人の銀行口座が被害に遭ったケースもあり、被害のなかった他の銀行も次々とドコモ口座へのチャージを止める措置を講じました。

２０２１年3月現在で、被害額はおよそ３０００万円に上り、警察は組織的な犯罪グループが関与しているとみて、関係する全国の10以上の警察本部が合同捜査本部を設置。同年1月には埼玉県警が中国籍の容疑者3人を逮捕。また、同年2月には不正競争防止法違反容疑で逮捕した携帯電話の元販売代理店経営の男が顧客の契約書などをもとに約3600件の口座情報を流出させ、一部が不正引き出しの被害につながったことなどが明らかになりました。

捜査によって明らかになったのは、ドコモ口座と銀行口座を紐づける際に、オンラインで本人確認を行う「二要素認証（二段階認証）」を導入していなかった地方銀行などで被害が起きていたこと。また、NTTドコモ側もドコモ口座を利用する際の本人確認に問題があったことを認めています（現在ではSMS認証やオンラインでの本人確認システムを導入済み）。

### ③メガバンクがマネーロンダリング防止策を怠り、業務改善命令を受けた事例

2021年9月30日、みずほ銀行でマネーロンダリングをチェックするシステムに負荷がかかり、処理が遅くなる障害が発生。この際にみずほ銀行は手続きを一部省略し、一部の外為送金が事前のチェックを経由せずに実行されました。同銀行は、送金先を事後確認する対応をとったものの、この行為が外国為替法に抵触する疑いがあるとして、財務省が調査をしました。

調査の結果、不正送金は確認されませんでしたが、財務省は官民一体でマネーロンダリング対策に取り組む中、メガバンクで法令順守がなされなかった点を問題視し、金融庁の行政処分にあわせて外国為替法違反を認定し、同年11月26日に外国為替法に基づく是正措置を命じました。財務省によると、1998年の同法の改正後初の是正命令となりました。

## 仮想通貨やNFTもマネーロンダリングの温床に？

数ある金融犯罪の中でも、警察や銀行が目を光らせて監視対策を強化しているのが「マネーロンダリング」です。

マネーロンダリングの典型例として、違法薬物の密売や、振り込め詐欺、横領などで取得したお金を、偽名で開設した預金口座に隠したり、複数の預金口座に転々と移動させたりして、収益の出所をわからなくするような行為が挙げられます。この行為によって、本来は表の世界（合法的な経済活動の舞台）に出せないような犯罪収益によるお金を、表の世界で堂々と使うことが可能になります。

マネーロンダリングを放置すると、犯罪組織が自由に使える資金を手にし、さらなる犯罪行為の資金に流れたり、合法的な経済活動にも資金投入することで勢力を拡大することを助長してしまいます。

本章の冒頭で紹介したダンスケ銀行の事件を筆頭に、マネーロンダリングの犯罪は国内外問わずたびたび起こっています。近年、その手口は仮想通貨やＮＦＴ（非代替性トークン）にも及ぶなど、より複雑化・高度化しています。

**①仮想通貨によるマネーロンダリングの事例**

２０２２年2月8日、米司法省は２０１６年に仮想通貨交換所「ビットフィネックス」から45億ドル相当のビットコインを不正流出させ、マネーロンダリングを共謀したとして、ニューヨーク市の夫婦を逮捕・訴追したことを公表しました。

被害額のうち、押収した金額は36億ドル相当であり、これまでの司法省による押収額としては過去最高とされています。

逮捕された容疑者夫婦は、ビットフィネックスのシステムに不正侵入したハッカーが2000回以上の不正取引を通じて盗んだ約12万ビットコインを、共謀してマネーロンダリングした罪に問われています。盗まれたビットコインは、容疑者夫婦が管理するデジタルウォレットに保管され、司法省によると、そのビットコインの価値は当初7100万ドルだったのが、現在は45億ドルを超えるとされています。

### ②NFTがマネーロンダリングに利用されることを示唆した米財務省

米財務省は2022年2月4日、美術作品によるマネーロンダリングなどの犯罪行為に関する調査報告書を公開しました。

その報告書では、NFT（非代替性トークン）を含むデジタルアートがマネーロンダリングに利用される可能性があることを示唆しています。米財務省は、一度の取引額が高額であり、取引がされやすい環境では、マネーロンダリングが起きやすい可能性があると指摘。ＮＦＴ技術などによって形成されるデジタルアートは「地理的な距離を気にすることなく、国境を越えてほぼ瞬時に送金できるため、不正な犯罪収益の洗浄を目的とする人々に利用されやすい」と指摘しています。

なお、仮想通貨やＮＦＴの基礎技術である「ブロックチェーン」は、取引の履歴がすべて残り、かつ関係者間でオープンに共有されることから、マネーロンダリング防止にも有効な技術として期待する声が上がっています。一方で、国会公安委員会の「犯罪収益移転危険度調査書（令和5年12月）」では次のように記載されており、警察当局の慎重な姿勢がうかがえます。

「多くの暗号資産は、移転記録がブロックチェーン上で公開され、その取引を追跡することは可能である。しかし、暗号資産の設計・仕様はさまざまであり、海外の暗号資産交換業者で取引される暗号資産の中には、移転記録が公開されず、追跡が困難でマネーロンダリング等に利用されるおそれが高いものや、移転記録の維持・更新にぜい弱性を有するものの存在も知られている」（※原文をもとに一部の表記を修正しています）

## 各行で導入が進むAML対策のAI技術

このように高度化・複雑化するマネーロンダリングの防止策（アンチ・マネーロンダリング：以下「AML」）においては、AIの機械学習が有効であり、現にAIを導入して高度化・省力化を図る取り組みが各銀行で進められています。

たとえば、地方銀行最大手の横浜銀行は、口座が金融犯罪に使われているかどうかの判定にAIを導入しています。一定のルールにもとづいてリスクの高い預金口座取引を抽出する作業に、NEC社のAI技術（異種混合学習技術）を活用したAIシステムを導入。抽出した取引について、さらに担当者による二次調査を実施するという二重のフィルタリングを行っています。

三菱UFJフィナンシャル・グループは、マネーロンダリングやテロ資金供与の防止、経済制裁や贈収賄・汚職防止に関わる規則の遵守などのグローバル金融犯罪対策を強化するため、２０１７年にニューヨークを本部とするグローバル金融犯罪対策部（ＧＦＣＤ）を設置しました。グローバルでのシステム統一と大量のデータ処理への対応にＡＩシステム「アルテリックス」を導入。年間数十億円を投じる巨大なプロジェクトといわれており、同行のＡＭＬへの姿勢がうかがえます。

また、警察庁も、特定事業者から届け出のあった疑わしい取引について、ＡＩを導入して犯罪性が高いものを自動的に選別し、業務の効率化を進めようとしています（２０２１年10月25日付「読売新聞オンライン」）。

ＡＭＬにＡＩを導入するメリットとしては、言うまでもなく膨大な取引明細の確認作業を自動化することで省力化が図れることにありますが、そのほかに「ルールから外れた疑わしい取引」を発見できるメリットがあります。

疑わしい取引の抽出は、基本的に各銀行が設定したルールにもとづいて行うのですが、このルールベースの抽出方法では、想定していなかったパターンを排除してしまうおそれがあります。それが、ＡＩの機械学習では多少ルールから外れたとしても

「疑わしい確率70％」など確率で拾い上げてくれるので、画一的なルールを適用する場合に比べて疑わしい取引を逃しにくくなるのです。

## ＡＭＬのフィルタリングは「二段階」で実施する

銀行におけるＡＭＬのアプローチには、大きく分けて「フィルタリング」と「モニタリング」の二つがあります。この二つのアプローチのいずれも、ＡＭＬにおいては欠いてはなりません。

- フィルタリング……送金を実行する際に、口座所有者、送金人、受取人が要注意人物（企業）に該当するかどうかを事前にチェックすること
- モニタリング……勘定系システムや国際系システムからの取引データを受けて、疑わしい取引が発生していないかや事後的に不正がなかったかをチェックすること

前者の「フィルタリング」は、たとえば支店の窓口で大口の送金を依頼された場合などに実行します。そこでは、自行内で定めたルールと照合して、顧客の送金依頼が適法か否かを瞬時に判断します。疑わしい取引に該当する場合は、その送金を依頼した顧客にヒアリングを行います。その結果、送金依頼内容に合理性が見い出せない場合は、その依頼業務をお断りすることになります。

このフィルタリングにおいては、依頼された明細が「疑わしい」か「疑わしくないか」の「2値分類問題」に対して判断を行うＡＩモデルを開発します。その「2値分類問題」を推論するＡＩを機械学習で開発する際は、図表6－3のデータを特徴量として学習させることが一般的です。

ＡＩモデルを活用したフィルタリングにおいては、次の「一次フィルタ」「二次フィルタ」の二段階に分けて構築するのが基本となります。

【図表6-3】「疑わしい取引」を推論する機械学習で用いる主なデータの種類

| 判定対象 | 意味 | |
|---|---|---|
| 顧客CIF | 顧客を一意に特定する番号 | 顧客判定用 |
| 口座番号 | 顧客の口座番号 | 顧客判定用 |

| 特徴量 | 意味 | 定性／定量 |
|---|---|---|
| 店番 | 顧客の店番 | 定量データ |
| 預金科目コード | 顧客の預金科目コード | 定性データ |
| 振込指定日 | 顧客の振込依頼指定日 | 定性データ |
| 通番 | 顧客の振込種類を判定する番号 | 定性データ |
| 振込金額 | 顧客の振込依頼金額 | 定量データ |
| 被仕向金融機関コード | 相手方の金融機関を指定するコード | 定性データ |
| 被仕向店番 | 相手方の金融機関の店番 | 定性データ |
| 被仕向顧客番号 | 相手方のCIF（自行のみ） | 定性データ |
| 被仕向預金科目コード | 相手方の預金科目コード | 定性データ |
| 被仕向口座番号 | 相手方の口座番号 | 定性データ |
| 被仕人名カナ | 相手方の名前 | 定性データ |

| 判定 | 意味 | 実行有無 |
|---|---|---|
| 判定有無（Y／N） | 過去に実行して問題がなかったかどうか | 定性データ |

- 一次フィルタ……「疑わしい取引」をルールベースで「ゆるく」抽出する
- 二次フィルタ……「不正な取引」を機械学習を活用して「高精度で」抽出する

例えるなら、ある母集団の中から「男子サッカー選手」を抽出するとします。その際、一次フィルタでは「男性／女性」という「ゆるい」ルールにもとづき、まずは男性の集団を広く抽出します。その後に、男性の集団を機械学習にかけ、最終的に「男子サッカー選手」を抽出する、というイメージです。

この二段階のフィルタリングを行うのは、前述したように、厳格なルールだけではそのルールに該当しない「疑わしい取引」を抽出しきれないからです。したがって、一度ゆるいルールベースでおおまかに絞り、その取引明細に対して、機械学習で不正かどうかを検知させるという流れが効果的です（図表6－4）。

【図表6-4】アンチ・マネーロンダリング対策のためのAI業務効率化のイメージ

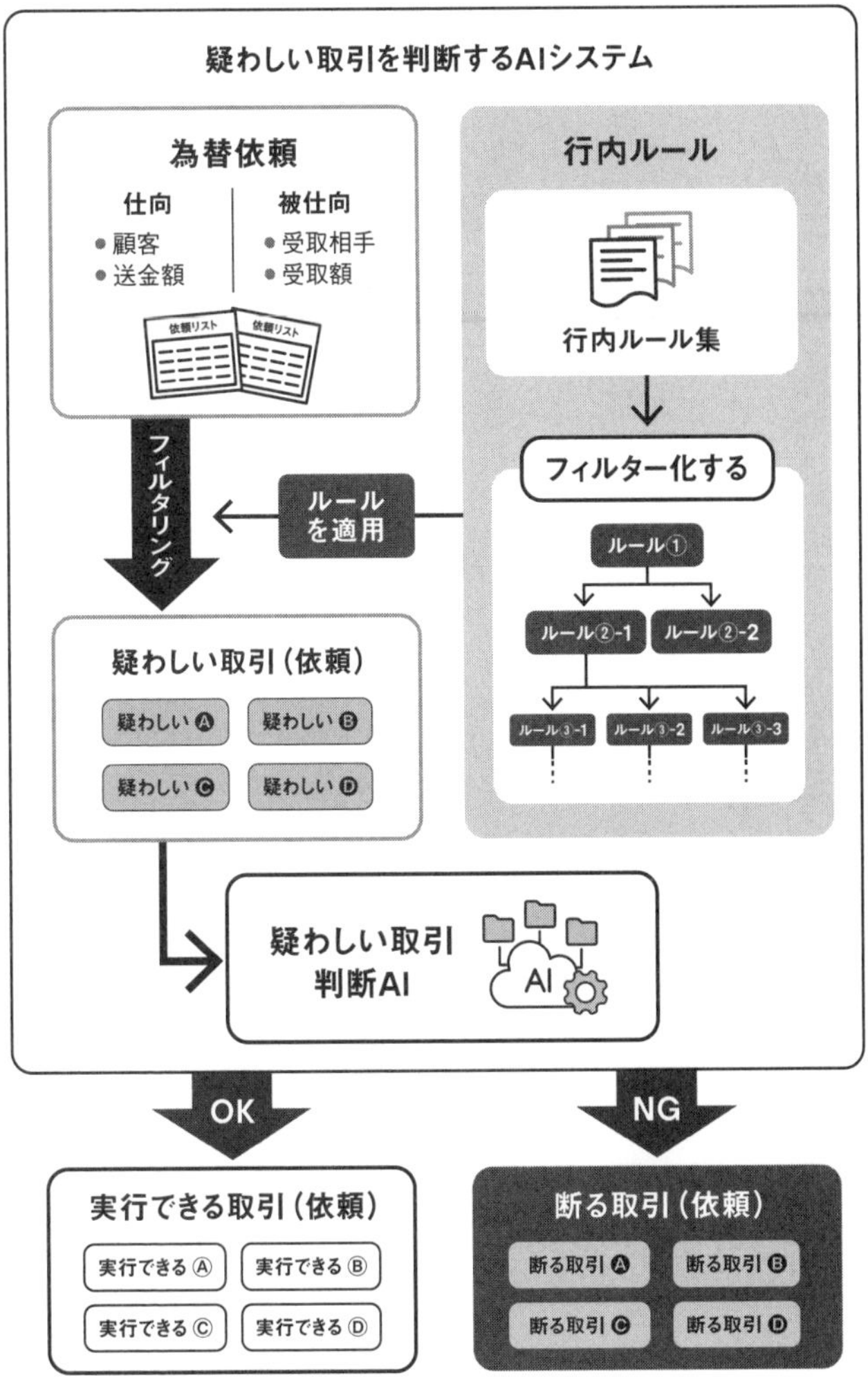

## 「疑わしい取引」と「不正な取引」をイコールに近づける

この二段階のフィルタリングにおいて、「二次フィルタ」である「不正な取引」を抽出する機械学習モデルの開発にもポイントがあります。

ＡＭＬにおける機械学習モデルの開発には、特有の「難しさ」があります。それは、ほとんどすべての取引依頼は「正しい（疑わしくない）取引」であり、実際に悪意のある「疑わしい取引」はごく少数である、ということです。

「正しい取引」が圧倒的大多数だと、「不正な取引」の特徴を機械学習モデルがうまく学習できず、「不正な取引」を高い確率で「正しい取引」と推論し、誤検知してしまう可能性があるのです。

一方で、フィルタリングのルールを厳しくしようとすると、今度は「正しい取引」なのに「不正な取引」と検知されやすくなってしまい、顧客に対する信用の低下につながってしまうおそれがあります。さらにフィルタリングに要するリードタイムの冗長化ももたらし、顧客満足度の低下をも引き起こしかねません。

依頼明細に対して、迅速に、かつ低い誤検知率で合理・非合理を判断するＡＩモデルを開発するポイントとして、一般的に「2値分類問題」に対して圧倒的に判定対象が少ない場合は、行内で定めたルールにもとづいて学習対象を少なくすることが必要です。つまり、ルールベースで、圧倒的多数の「正しい取引」の量をできるだけ減らし、判定対象である「疑わしい取引」の割合を高めることが基本となります。

また、個人・法人で行内ルールの違いや、地域ごとの判定基準の違いも加味する必要があるため、個人・法人や、地域別など、カテゴリーごとに適用する機械学習モデルを変える必要があります。当然、機械学習のセットもそのカテゴリーごとに作成します。

まとめると、母数である「疑わしい取引」と、そこから抽出する「不正な取引」を限りなくイコールに近づけることが、ＡＩによるフィルタリングの重要なポイントとなります。

そのためには、日々のAIシステムの運用のなかで、常に機械学習のモデルを業務を通じて更新していく「再学習」の仕組みが重要となります。この再学習を通じて、日々の業務の中で機械学習のモデルを向上させていき、「疑わしい取引」と「不正な取引」を近づけていくことが必須となります。

## 「モニタリング」はナレッジグラフや生成系AIで高度化しよう

もう一つの、取引履歴をもとに疑わしい取引を事後的にチェックする「モニタリング」では、一般的なルールベースでの機械学習が有効です。

たとえば「長年取引のなかった休眠口座が急に動いた」「今まで数万円しか取引がなかったのに、突然数千万円単位の金額が振り込まれた」など、疑わしい取引にはさまざまなパターンがありますが、パターンさえ把握してルール化できれば、そのルールをＡＩに機械学習させることで、膨大な取引履歴から類似するパターンを抽出することができます。

あわせて、モニタリングでは受金者・着金者である口座名義人のチェックもかけておくことで、より精度の高い抽出が可能になります。

たとえば、人物Ａと人物Ｂの取引が疑わしい場合は、人物Ｂの口座からの主要な送金先である人物Ｃまでを調べます。このような人物や企業の関係性を把握するうえでは、第4章、第5章でも紹介したナレッジグラフが有効です。ナレッジグラフによって送金先に警戒すべき国の口座が判明したら、自動的に警察に届けるようにすれば業務負担も軽減されるでしょう。

さらに、ＳＮＳやインターネットなどの定性情報を生成系ＡＩに学習させることで、モニタリングの精度をより高めることができます。

口座名義人から個人や企業の情報が特定できれば、ＳＮＳなどの情報から送金した人物と受金した人物との関係性を把握したり、送金した人物が要注意人物かどうかのスコアリングを、生成系ＡＩが自動で行ってくれます。

そもそも、疑わしい個人や企業に対しては預金口座を作らせないようにすることが最大の水際対策となります。しかし、もちろん疑わしい個人や企業は自分のことを「疑わしい」とは言いません。偽名や偽造免許証、偽造パスポートなどを用いて口座を開設しようとします。

ここでは、画像認識のＡＩを活用して、偽造免許証や偽造パスポートの画像判定によって水際対策の強化を図ることができます。今日ではインターネットで普通口座を開設できるので、その手続きの際に免許証などの画像と顔写真を提出させ、顔写真は画像認識ＡＩで照合します。

また、口座開設の手続きにＡＩアバターなどと会話するプロセスを採り入れ、その会話内容から嘘をついていないか、矛盾がないかどうかを検査することも、今日の大規模言語モデルではかなりの高精度で行うことができます。

## 巧妙な企業内犯罪をＡＩで発見するには？

横領や詐欺などの企業内犯罪を未然に防ぐ対策にも、ＡＩを活用できる余地があります。

たとえば、次のような横領のケースがあるとします。

- A社からB社に「コンサルタント料」名目で一億円の振り込みがあった。
- 実は、その一億円は、もともとB社と取引のあるC社からB社に対して支払われたものである。
- そのC社の親会社であるD社のオーナーはX氏で、その実兄であるY氏はA社の経理部門にいる。
- さらに、B社の経理部門にいるZ氏はY氏の知人である。
- A社からB社への一億円の「コンサルタント料」は、C社の口座情報をY氏が不正入手し、知人であるZ氏と共謀して、Z氏に振り込ませたものであった。

・Y氏はA社の口座から一億円を着服し、一部を手数料としてZ氏に支払った。

この横領のケースでのポイントは、「X氏とY氏が兄弟である」という人間関係です。しかし、こういったパーソナルな情報は銀行内の取引履歴だけからは当然把握することができません。それでも、ナレッジグラフと出入金の履歴の分析を組み合わせることで、その関係性を把握することは不可能ではありません。

特に大企業などは、経理部門の名簿を銀行に提出しています。その名簿にFacebookやLinkedInなどのSNS情報を紐づけ、生成系AIに解析させることで、パーソナルな人間関係を浮かび上がらせることができます。

# 第7章

# 銀行が「システム会社」にトランスフォームする未来

ここまで、ＡＩの導入・活用による銀行業務の高度化・省力化の事例を、リテール・ビジネス、ホールセール・ビジネス、金融犯罪対策と順に解説してきました。これら、銀行業務のほとんどすべての領域でＡＩ導入が本格化し、「人からＡＩ」への置き換えが進んでいくと、どんな未来が銀行を、ひいては銀行業界を待っているでしょうか。そして、どんな銀行・銀行員が生き残っていけるのでしょうか。

そんな「銀行の未来」を、最終章である本章では展望します。決して悲観論ではなく、むしろ若い才能のある人材が、銀行業界に可能性を感じ、積極的に目指してくれることを、本書の最後のメッセージとしてお伝えしたいと思います。

## ２０３Ｘ年、とある銀行支店にて

２０３Ｘ年、東京都渋谷区にあるＹ銀行のＺ支店。かつては駅に近い通りに店舗をかまえていたこの支店は、三年前に駅前のオフィスビルの一階に移転しました。スペースはコーヒーチェーン店ほどでしょうか。

支店に勤務するスタッフは支店長と、ＡＩの運用・保守を担うシステムエンジニアが一人。あと、ホールセール部門を担当するマネージャーが、この日はリモート勤務しています。

支店内には数台のコンピュータが置かれ、インターネット経由で申請のあった住宅ローンや口座開設の審査を、それぞれの審査に特化したＡＩが次々に処理しています。出力された審査結果をシステムエンジニアのスタッフが最終チェックし、ＯＫの命令をＡＩに送ると、申請者への結果通知や手続きの案内もＡＩが自動処理してくれます。

来店する顧客は10年前と比べてだいぶ少なくなりましたが、それでもインターネットに不慣れな高齢の顧客が時折来店します。その顧客がカウンターに座ると、設置されたデジタルサイネージに「ＡＩアバター」が映し出されます。

ＡＩアバターは人間とほぼ変わらない自然な受け答えで、顧客をていねいにアテンドし、資産運用や保険などの相談にスムーズに応答します。ＡＩと人間がやりとりした際の画像や音声はすべて記録され、ＡＩの学習に用いられるので、接客の品質や対応能力は日々向上していきます。

リモート勤務のマネージャーは、この日は顧客企業であるM社と、とある地方にある農業ベンチャーのN社、そしてその地方の支店のスタッフとの、リモートでの打ち合わせ。都内にオーガニックレストランを展開するM社では、希少なヨーロッパ野菜を国内で栽培する農家を探していたのですが、そのヨーロッパ野菜に特化したアグリビジネスを展開するN社をマネージャーが紹介したところ、ビジネスマッチングが成立。

銀行が仲人のような役割を果たし、〝縁談〟が無事にまとまったのです。

そのN社は、Y銀行の本部に常駐するITエンジニアやデータサイエンティストのチームが開発した「ビジネスマッチングAI」で発見したものです。そのAIには、Y銀行のすべての顧客企業の情報や、外部のニュース、プレスリリース、株価情報などが教材として日々インプットされており、その中にはM社の経営課題を記したヒアリングシートも含まれています。

その「ビジネスマッチングAI」が、マッチング候補として地方のN社をはじき出したのです。M社からも「自社ではとうてい探し出せなかった」と喜ばれたことはもちろん、N社を顧客に持つ大分支店にとっても、新たな農地取得などの出資依頼をN社から受け、新規融資案件の獲得につながりました。

打ち合わせを終えたマネージャーのスマートフォンに、アラートが鳴りました。不正な取引を検知するフィルタリング作業を実行するAIからの通知で、ある送金依頼の送金先が、詐欺グループ団体である確率が95％であることが判明したのです。

X銀行が作成したナレッジグラフも警視庁には自動で連携されており、すでに警察も動いているとのこと。警視庁から提供される情報や、さらにはSNSの情報も合わせて分析にかけたことで、不正取引を水際で防ぐことができました。

マネージャーは安心してスマートフォンを机に置き、業務を再開しました――。

## 海外の銀行はほぼ「巨大ＩＴ企業」

本書でここまで見てきたように、とりわけ生成系ＡＩの飛躍的な発展によって、リテール、ホールセール、そして金融犯罪対策と、ほとんどすべての銀行業務はＡＩの導入による高度化、省力化、そして人への置き換えが可能になりました。そう遠くない未来、銀行の各支店には支店長を含めて二人ないし三人がいれば、あとは複数台のＰＣでＡＩがフル稼働し、大量の審査・融資案件を自動で処理してくれる「Ｙ銀行Ｚ支店」のような未来が実現するでしょう。

第２章で私が示した「銀行業務と人員は９割削減される」との数字は決して大げさではないのです。

そのような「２０３Ｘ年」の未来における銀行はどうなるか？　あえて極端な表現をしますが、銀行は「システム会社」へと進化すると私は予想しています。

銀行が「システム会社」になる？――荒唐無稽なように思われますが、米JPモルガンや米バンク・オブ・アメリカなど、海外の大手金融機関はシステム開発をほぼ内製化し、巨大なシステム部門を有しています。JPモルガン本店のシステム部は、一流のIT企業と遜色ないだけの規模を誇っています。

米フィデリティ証券のシステム部門は、あまりにも優れた機能と人材を持っているので「フィデリティ・ナショナル・インフォメーション・サービシズ（FIS）」としてスピンアウトしました。グローバルにおいては、銀行ビジネスをサポートするための情報システム部門、といった限定的な捉え方でなく、金融機関としての本業自体をシステムで抜本的に刷新する考えがむしろ一般的なのです。

日本の銀行においては、システム開発を外部のベンダーに委託することが通常ですが、海外の銀行から見るとむしろ特殊です。国際競争力を高める意味でも、日本の銀行業界でもシステム機能の内製化を強化する「システム会社化」が進んでいくものと思われます。

## 支店は「カフェ」に、銀行本部は「データセンター」になる

銀行の各支店は、「Y銀行Z支店」のストーリーで見たように、「街のカフェ」のような規模になり、支店長を含む数人の銀行員と、数台の「AI銀行員」の体制になるでしょう。

「AI銀行員」は24時間休まず稼働し続けるので、人間では処理しきれない大量の業務量を、文句も言わずに処理します。かつ、審査や不正検知などの精度も機械学習によって向上するので、生産性は大きく飛躍します。

そして、現場で働く銀行員の役割は、稼働するAIの運用・管理がメインとなり、その多くは「システムエンジニア」になります。つまり、AIを〝部下〟として仕事をさせることができる銀行員だけが生き残るでしょう。

一方、銀行本部は「データセンター」のようになるでしょう。AIを開発・改良・保

守管理するＩＴエンジニアが増え、これまで以上にシステム部門のプレゼンスが高まり、本部機能の中核を担うようになります。

銀行としてのリソースの中心も人材からサーバーへと移行するので、人事部門は残るにしても縮小するでしょう。

経営本部は引き続き必要ですが、「人からＡＩへ」のシフトが起こった後は「プロジェクトマネージャー（ＰＭ）」としての役割をより求められるようになるでしょう。つまり、ＡＩシステムを構築するために内部のエンジニアや外部の専門家をマネジメントし、開発プロジェクトをリードしていく存在になっていきます。

そのほかに従来の本部機能として残るのは総務、法務くらいではないでしょうか。それらも、銀行が「システム会社化」していく過程で縮小していくのは必至です。法務部門も近年では判例・文献の自動表示や、契約書の自動作成などの生成系ＡＩが開発されつつあるので最小限の人数で足りるでしょう。

## 銀行がシステムベンダーを買収する？

銀行が「システム会社化」する変革の流れにおいては、これは希望も込めて言いますが、「最新のITをやりたいなら銀行」というのが、エンジニアや、就職活動する学生にとっての「常識」になることを期待しています。

メガバンクをはじめとする銀行に入社すれば、最先端のテクノロジーと最高のテック人材が集結していて、新しいデジタル技術を開発し、発信できるビジネス環境が待っている——そんな、グーグルやマイクロソフトに比肩する「ビッグテック」になる未来です。

そのためにも、まずはそういったテクノロジー人材が「銀行を目指そう」と思えるような報酬・人事制度の設計、そして組織体制に変えていく必要があるでしょう。第1章でも触れたように、メガバンクの中にはすでに新卒採用でそういったプロフェッショナルの採用区分を設けていますが、今後はGAFAMなどでキャリアを積んだ世界的なテック人材をヘッドハンティングするような動きも起こってくる可能性がありま す。

現に、トヨタやパナソニックなど日系企業でも、トップクラスのテック人材を外部から招聘する動きがあります。

一方で、銀行が「システム会社化」する未来において足かせになるのでは、と懸念しているのは、日本の銀行の新卒採用において経済学部、法学部といった文系出身の学生が多いことです。

アメリカをはじめ、海外の銀行に勤務する銀行員のほとんどは数学やエンジニアリングを選考した理系人材です。そもそも大学の教育課程が文系・理系と分かれているのは日本くらいで、海外の、少なくともトップクラスの大学は、ある程度の数学とプログラミングができないと卒業できません。

文系人材から理系人材への切り替えの動きは、日本の銀行の間でも少しずつ広がってきているとは思います。これまでの採用の慣行もあるので時間はかかると思いますが、いずれ変革を余儀なくされるタイミングが訪れると思います。

ただ、採用によって組織を変革するには長い年月をかける必要があります。そのことを考えると、支店を統廃合し、人員を削減することによって生み出した資金を、今後はＩＴ分野にどんどん投資していくことが、「時間を金で買う」という意味でも重要な経営戦略となります。

極端にいうと、今後はメガバンクが大手システムベンダーを買収するくらいの大胆な動きがあってもいいと私は思っています。日本を代表する大手ベンダーとメガバンクとのＭ＆Ａという「あっ」と驚くニュースが、近い将来飛び込んでくるかもしれません。

## メガバンクの国際競争力低下は変革を後押しするか

銀行業界に限らない話ですが、日本企業の多くはドラスティックな改革を好みません。それが悪いと言っているのではなく、日本企業のカルチャーや雇用制度によるものなので、仕方のないことではありません。したがって、現実的には「人からAIへ」の置き換えと人員削減は漸進的に進んでいくものと思われます。

しかし、そのような悠長なことを言っていられない事態になるかもしれません。それは、大きな外部・内部の環境変化によって、銀行が急激な変革を余儀なくされる可能性があるからです。

外部の環境変化として挙げられるのが、日本の銀行における国際競争力の低下です。図表7－1は、英フィナンシャル・タイムズ傘下の金融専門誌「ザ・バンカー」が毎年発表する「世界の銀行ランキング」の、1990年と2020年のトップ10の比較です。

銀行の財務力の指標とされる「中核的自己資本」などをもとに世界の1000の銀行をランキングしたものですが、1990年においては住友銀行（1位）、第一勧業銀行（2位）、富士銀行（3位）と、トップ3を日本の都市銀行が独占。さらに三和銀行（5位）、三菱銀行（6位）、日本興業銀行（10位）と、邦銀がトップ10のうち実に6行もラン

【図表7-1】「ザ・バンカー」による「世界の銀行トップ1000」の上位10行の比較（1990年、2020年）

◉1990年

| 順位 | 銀行名 | 国 | 中核的自己資本（億ドル） |
|---|---|---|---|
| 1 | 住友銀行 | 日 | 13,357 |
| 2 | 第一勧業銀行 | 日 | 12,322 |
| 3 | 富士銀行 | 日 | 11,855 |
| 4 | クレディ・アグリコル | 仏 | 11,802 |
| 5 | 三和銀行 | 日 | 11,186 |
| 6 | 三菱銀行 | 日 | 10,900 |
| 7 | バークレイズ銀行 | 英 | 10,715 |
| 8 | ナショナル・ウエストミンスター銀行 | 英 | 9,761 |
| 9 | ドイツ銀行 | 独 | 8,462 |
| 10 | 日本興業銀行 | 日 | 8,184 |

◉2020年

| 順位 | 銀行名 | 国 | 中核的自己資本（億ドル） |
|---|---|---|---|
| 1 | 中国工商銀行 | 中 | 380 |
| 2 | 中国建設銀行 | 中 | 316 |
| 3 | 中国農業銀行 | 中 | 278 |
| 4 | 中国銀行 | 中 | 258 |
| 5 | J.P.モルガン・チェース | 米 | 214 |
| 6 | バンク・オブ・アメリカ | 米 | 188 |
| 7 | ウェルズ・ファーゴ | 米 | 159 |
| 8 | シティグループ | 米 | 156 |
| 9 | HSBCホールディングス | 英 | 148 |
| 10 | 三菱UFJ銀行 | 日 | 144 |

クインしています。

一方、30年後の2020年のランキングを見てみると、中国工商銀行（1位）を筆頭に1位から4位までを中国の銀行が独占しています。邦銀は三菱UFJ銀行が10位にランクインしましたが、そのほかは三井住友銀行（14位）、みずほ銀行（18位）、農林中央金庫（19位）とトップ10圏外に落ちています。

このランキングの変化を見ても、日本の銀行の国際的なプレゼンス低下がおわかりいただけると思います。その状況において、今後のAI導入などIT戦略でも劣後すると、日本の銀行の競争力はさらに中国、そして欧米の銀行に後れをとっていくでしょう。

これは「そうなってほしくない」という願望を込めて言いますが、今後、銀行業界においてさらにグローバル化が進み、規制が撤廃され、外国人投資家が保有する株式も増えていくと、邦銀の役員が外国人になる、ひいては外銀によって買収される可能性もないとは言い切れません。

そうなってくると、今のように漸進的に店舗や人員を削減する、という悠長な政策はとれなくなり、急激な組織変革のプレッシャーに否応なくさらされることになるでしょう。

なお、地方銀行は、メガバンクとは異なる文脈で改革の必要に迫られると思われます。

経営環境が悪化する地方銀行において、人員削減・支店削減による効率化を図らなければいけない事情は、ある意味メガバンク以上に切実です。２０１６年に横浜銀行と東日本銀行が合併して持株会社の「コンコルディア・フィナンシャルグループ」が誕生したように、今後は合併の動きが全国的に加速していきます。その過程で、ＡＩの導入・活用を余儀なくされるでしょう。

## 銀行組織を中から変革する担い手は「Z世代」

もう一つ、銀行の「内部」からの変化として予想されるのは、銀行組織内における若い世代の台頭です。特に、私が変革の担い手として期待するのは「Z世代」といわれる20代を中心とした若い世代です。

Z世代（Generation Z）という言葉はだいぶ世の中に浸透していると思いますが、念のために解説すると、もともとは欧米発の世代区分で、1995年以降に生まれた世代のことを指します。10代の頃からスマートフォンに身近に接してきた、いわゆる「デジタルネイティブ」で、SNSを介したコミュニケーションを日常生活で当たり前に行います。また、学生時代や入社して間もない頃に新型コロナウイルス禍を経験した「ニューノーマル世代」でもあります。

いち生活者としてのZ世代は、そもそも銀行を利用しません。送金や入金はスマホアプリで、決済はPayPayやLINE Payを使うのが当たり前です。

彼らZ世代は、もちろん銀行内にも一定数います。若手バンカーの彼らの多くは、生活者の視点から銀行ビジネスを見たときに、「このままではいけない」「自分が利用したいと思う銀行とは何だろう？」と考えているはずです。

その彼らも、これから30代を迎え、銀行員としてのキャリアを積みながら徐々に組織の中堅層になっていきます。10年後には課長クラスの人材も増えるでしょう。

この、Z世代が組織のマジョリティを形成するタイミングが、銀行組織における変革の転換点であると私はみています。彼らが組織の中核のポジションを占め、裁量や権限を持てるようになることで、これまで募らせていた疑問や不満を行動に変え、銀行組織内に変革を起こすのではないでしょうか。

ちなみに、Z世代の次の世代とされているのがα（アルファ）世代で、2010年以降に生まれた世代を指します。このα世代を提唱したオーストラリアの世代研究者マーク・マクリンドル氏の試算によると、2025年頃には世界のα世代は約20億人となり、ベビーブーマー世代を超えて歴史上でも最大数の世代になるそうです。生まれた頃からスマートフォンやタブレットが存在し、親世代のデジタルリテラシーも高いことから、デジタル教育に抵抗がないとの特徴があるとされています。

α世代にもなると、小学校からプログラミング教育が必修化されており、AIやシステムに一定のリテラシーを備えた人材が増えるでしょう。彼らもまた、一つ上のZ世代とともに、銀行の「システム会社化」を推進する勢力として期待されます。

## Z世代が活躍できる「フラットな組織」に

そのZ世代、さらにはその下のα世代が銀行ビジネスの中核を担う未来においては、銀行の組織体制や、上司に求められる役割も変わっていくでしょう。

そもそも圧倒的に人員が少なくなるので、昭和の時代から続いたピラミッド型のトップダウンの組織構造はもはや維持できなくなります。代わりに、少人数のメンバーによるフラットな組織構造が求められます。

Z世代に象徴される若い世代に、そもそも上意下達のトップダウン型はなじみません。個々のスタッフが自由な発想と行動力でＡＩ開発や運用に取り組む、ボトムアップ型のチーム体制が求められます。上司は部下に対し一方的に指揮命令するのでなく、部下であるスタッフに自由な裁量を与え、責任をとるのが仕事になっていくでしょう。

第2章で「これからの銀行員は、ＡＩを〝部下〟として使いこなせないと意思決定層として生き残れない」と述べました。ＡＩやプログラミングのスキルを持たないベテラン銀行員は組織の中で行き場を失ってしまう、とやや悲観的に述べましたが、これから台頭するZ世代やα世代をうまく使いこなし、彼らに自由に、気持ちよく仕事をさせるマネジメント能力があれば、これまでの銀行員としての経験を生かしながら、意思決定者として役割を発揮できる余地はあります。

## 「行内ベンチャー」でイノベーションの種を育てよう

日本の大企業においては、イノベーションのシーズ（種）を発見し、新規事業として育てるアプローチの一つとして「社内起業制度（社内ベンチャー制度）」を導入する事例が増えています。

多くの起業家を輩出していることで有名なリクルートには、「新規事業提案コンテストRing」という制度があります。『ゼクシィ』『スタディサプリ』『カーセンサー』『HOT PEPPER』といったリクルートの主要事業の多くがここから生まれています。

サイバーエージェントも、新規事業創出の手段として社内起業の制度を設けていることで知られ、社員の事業アイデアによって起業した90もの関連会社があります（2023年9月末現在）。若手社員でも子会社社長への道が拓けており、中にはインターン生だった内定者が社長に抜擢される例もあるそうです。

銀行においてもZ世代をはじめとする若手社員のアイデアが新規事業を生み、育てる場として、「行内ベンチャー」を起業・育成する制度を設けるのも有効な手法だと考えています。社員が主体的に、かつリスクをとりながら経営を進めていく起業家マインドを醸成する場としても大きなメリットがあるでしょう。

銀行グループのベンチャーキャピタルがスタートアップを支援する枠組みももちろんあるのですが、銀行ビジネスに熟知した銀行員自身が、さまざまな課題解決のアイデアを自らの手で具現化することに意味があると考えています。

ただ、こういった社内起業制度は、母体である会社で既存事業に携わる部門や社員の理解や協力が得られにくく、うまくいかずに頓挫する、あるいは形骸化するおそれがあります。ベンチャー組織に一定の独立性や予算、人員を担保し、従来の成功体験や常識にとらわれない自由な活動を支援する体制が求められるでしょう。

# おわりに　ＩＴで世の中を変えたければ、銀行に入ろう！

ここまで、本書をお読みいただき、ありがとうございました。

2008年、リーマン・ショックが世界中の金融機関を大混乱に陥れたそのとき、私は銀行のシステム部門の一員として、取引先のデリバティブ取引の契約内容や取引残高、取引に紐づく担保のチェックや、これらのまとめたポートフォリオのリスク計算などの業務に追われていました。

これらの作業は、銀行員なら誰でもできる計算です。しかし、問題だったのは同僚の銀行員たちが、どこにデータがあって、どうしたらそのデータにアクセスできるかを十分に把握していないことでした。そのため、膨大な時間と労力をかけて作業せざるをえなかったのです。

彼らが悪い、と言っているわけではなく、事実、彼らの多くは優秀なメガバンクの行員でした。ただ、そこで痛感したのは、海外の銀行と異なり、日本の銀行ではＩＴ

リテラシー以外の多くのことが求められる、ということでした。

「このままでは、海外の銀行にはいつまでも勝てない。それなら銀行のITリテラシー向上のために、別の形で日本の銀行を支援できないだろうか……」

その思いが、私の今の仕事の原点であり、原動力となっています。

そのリーマン・ショックから、早いもので15年が経過しました。

その間、テクノロジーは大きく発展し、銀行をとりまく環境も激変しました。スマートフォンが広く普及し、ネット専業銀行の取引高が増え、さまざまなフィンテックのスタートアップが勃興しました。そして、AIにおいてはディープラーニングという技術的なブレークスルーが起き、さまざまな領域におけるAIの実装化が促進されました。

加えて、2020年以降の生成系AIの登場は、AIによる社会課題解決の可能性をさらに広げました。

ＡＩによって、銀行の「システム会社」へのトランスフォームはいよいよ待ったなしになった――今がその転換点にあることを多くの人に知ってもらいたいとの思いから、本書を刊行するはこびとなりました。

決して、危機感を煽っているわけではありません。むしろ、銀行にとっては大きな飛躍のチャンスが到来しているといえます。リスクを怖れずに一歩を踏み出した銀行だけが、そのチャンスをつかむことができるのです。

また、本書を読んでくれた読者の中には、キャリアの浅い若手行員や、将来の進路について考えている大学生、高校生もいるかもしれません。私自身が期待しているＺ世代以下の若手世代には、この変革期にある銀行業界に飛び込み、あるいは今在籍している銀行の中で、変革の担い手になってくれることを期待しています。

本書でも繰り返し主張したように、銀行ビジネスは基本的にお金という「数字＝定量データ」を扱うので、もともとＡＩテクノロジーと非常に親和性の高い業界です。今後はその定量データだけでなく、本書で紹介したさまざまな定性データも駆使しながら、ＡＩによってさらに業務を、ひいてはビジネスモデルそのものを変革していけるポテンシャルを秘めた業界でもあります。

本書で紹介したＡＩ導入の手法やアイデアの多くは、まだ実現に至っていません。ということは、これからの若い方々には、銀行を舞台に事業変革のイノベーションを創出するチャンスが、まだ数多く残されているということです。

お金や経済の側面から、個人の生活を豊かにするために、そして企業の成長を後押しするために、銀行はなくてはならない社会インフラです。その社会インフラの発展に携わることは、日本経済そのものを支えると言っていいほどの、スケールの大きな仕事です。

「ＩＴで世の中を変えたい」と思っている学生の皆さんは、ぜひ本書をきっかけに、銀行業界を目指してみませんか！　数学と英語、そしてＡＩプログラミングの「現代の読み書きそろばん」のスキルさえ身につければ、これからの銀行の変革をリードする存在になれます。そのことを、本書の締めくくりのメッセージとしてお伝えします。

同時に、私自身も銀行のシステム開発に携わるいち実務家として、読者の皆さんと仕事でお会いし、そのチャレンジを後押しできることを楽しみにしています。

長谷川貴博

令和6年3月吉日

**長谷川貴博**（はせがわ・たかひろ）

株式会社オメガ・パートナーズ代表取締役社長。東北大学大学院理学研究科数学専攻修了、京都大学MBA（金融工学コース）修了。新卒で富士通株式会社に入社。金融システム・エンジニアとして、銀行勘定系システム開発プロジェクト、および証券取引システム開発プロジェクトに参画。

みずほフィナンシャル・グループに転籍後は、クオンツアナリストとして、プライシング・システム開発、リスク管理システムの開発等に従事。その後、金融システム専門のベンチャー企業Sound-Fに参加し、金融工学ビジネス部門の事業責任者に就任。

その後、株式会社オメガ・パートナーズを創業し代表取締役に就任、現在に至る。著書に『AI化する銀行』（幻冬舎）。

# AI vs 銀行員

## 金融ビジネスのトランスフォーメーション

2024年3月31日　初版第1刷発行

著　　者　長谷川貴博
発 行 人　仲山洋平
発 行 元　株式会社フォーウェイ
〒150-0032　東京都渋谷区鶯谷町3-1 SUビル202
電話 03-6433-7585(編集)／FAX 03-6433-7586
https://forway.co.jp
発 売 元　株式会社パノラボ
〒150-0032　東京都渋谷区鶯谷町3-1 SUビル202
電話 03-6433-7587(営業)／FAX 03-6433-7586
編集協力　堀尾大悟
装　　丁　tobufune(小口翔平＋神田つぐみ)
本文デザイン　JUNGLE(三森健太)
本文DTP　bird location(吉野章)
校　　正　横川亜希子
印刷・製本　シナノ

ISBN978-4-910786-05-6